W0369907

SES Fichier d'activités 2de

Sciences économiques et sociales

Sous la direction de
Stéphanie Fraisse-D'Olimpio

Cédric André
Prytanée National Militaire de La Flèche (72)

Stéphanie Fraisse-D'Olimpio
Lycée Janson de Sailly, Paris (75)

Benoît Ladouceur
Lycée Frédéric Faÿs, Villeurbanne (69)

François Le Morvan
Lycée de la Côtière, La Boisse (01)

Synthèses sous forme de schémas
Claire Fumat
Auteure de la collection
Toute la socio/Toute l'éco en BD
La Boîte à Bulles/Belin Éducation

Belin ÉDUCATION

SOMMAIRE

Utilisez le kit du cahier jeu pour jouer au jeu du marché.

© Belin Éducation / Humensis, 2021 – 170 bis, boulevard du Montparnasse – 75680 Paris cedex 14
ISBN : 979-10-358-1779-4

CHAPITRE 5 Comment s'organise la vie politique?

CHAPITRE 6 Quelles relations entre le diplôme, l'emploi et le salaire?

FICHES MÉTHODE

LEXIQUE

Programme de
SCIENCES ÉCONOMIQUES ET SOCIALES

Classe de Seconde générale et technologique – BO spécial n° 1 du 22 janvier 2019

Questionnements	Objectifs d'apprentissage
Comment les économistes, les sociologues et les politistes raisonnent-ils et travaillent-ils ?	– Comprendre : • qu'une des questions de base de **l'économie** est : « Qu'est-ce qu'une allocation efficace des ressources rares ? » ; • que celles de la **sociologie** sont : « Comment fait-on société ? Comment explique-t-on les comportements sociaux ? » ; • et que celle de la **science politique** est : « Comment se conquiert et s'exerce le pouvoir politique ? ». – Comprendre que ces disciplines réalisent des enquêtes et utilisent des données et des modèles (représentations simplifiées de la réalité). – À partir d'exemples, comprendre la distinction entre causalité et corrélation et savoir mettre en évidence un lien de causalité.
Sciences économiques	
Comment crée-t-on des richesses et comment les mesure-t-on ?	– Savoir illustrer la diversité des producteurs (entreprises, administrations, économie sociale et solidaire) et connaître la distinction entre production marchande et non marchande. – Savoir que la production résulte de la combinaison de travail, de capital, de technologie et de ressources naturelles. – Connaître les principaux indicateurs de création de richesses de l'entreprise (chiffre d'affaires, valeur ajoutée, bénéfice). – Savoir que le PIB correspond à la somme des valeurs ajoutées. – Savoir que la croissance économique est la variation du PIB et en connaître les grandes tendances mondiales sur plusieurs siècles. – Savoir que le PIB est un indicateur global qui ne rend pas compte des inégalités de revenus. – Connaître les principales limites écologiques de la croissance.
Comment se forment les prix sur un marché ?	– Savoir illustrer la notion de marché par des exemples. – Comprendre que dans un modèle simple de marché des biens et services, la demande décroît avec le prix et que l'offre croît avec le prix et être capable de l'illustrer. – Comprendre comment se fixe et s'ajuste le prix dans un modèle simple de marché et être capable de représenter un graphique avec des courbes de demande et d'offre qui permet d'identifier le prix d'équilibre et la quantité d'équilibre. – À l'aide d'un exemple, comprendre les effets sur l'équilibre de la mise en place d'une taxe ou d'une subvention.
Sociologie et science politique	
Comment devenons-nous des acteurs sociaux ?	– Savoir que la socialisation est un processus. – Être capable d'illustrer la pluralité des instances de socialisation et connaître le rôle spécifique de la famille, de l'école, des médias et du groupe des pairs dans le processus de socialisation des enfants et des jeunes. – Savoir illustrer le caractère différencié des processus de socialisation en fonction du milieu social, du genre.
Comment s'organise la vie politique ?	– Connaître les principales spécificités du pouvoir politique. – Connaître les principales institutions politiques (rôle et composition) de la cinquième République et le principe de la séparation des pouvoirs (exécutif, législatif, judiciaire). – Comprendre comment les modes de scrutin (proportionnel, majoritaire) déterminent la représentation politique et structurent la vie politique. – Comprendre que la vie politique repose sur la contribution de différents acteurs (partis politiques, société civile organisée, médias).
Regards croisés	
Quelles relations entre le diplôme, l'emploi et le salaire ?	– Comprendre que la poursuite d'études est un investissement en capital humain et que sa rentabilité peut s'apprécier en termes de salaire escompté, d'accès à l'emploi et de réalisation de ses capabilités. – Savoir que le manque de qualification est une cause du chômage. – Comprendre que le salaire est déterminé par le niveau de formation. – Savoir qu'à niveau de diplôme égal, le salaire peut varier selon différents facteurs notamment l'expérience acquise, le type d'entreprise, le genre. – Comprendre que les chances d'accès aux formations diplômantes sont socialement différenciées.

Objectifs d'apprentissage concernant l'utilisation des données quantitatives et des représentations graphiques

Calcul, lecture, interprétation :
- Proportion, pourcentage de répartition.
- Taux de variation, taux de variation cumulé, coefficient multiplicateur, indice simple.
- Moyenne arithmétique simple et pondérée.

Lecture et interprétation :
- Indice synthétique.
- Médiane.
- Valeur nominale, valeur réelle.
- Tableau à double-entrée.
- Représentations graphiques : diagrammes de répartition, représentation de séries chronologiques.

FICHE 4 Quels sont les méthodes et outils de l'économie, la sociologie et la science politique ?

OBJECTIF >> Comprendre que les économistes, les sociologues et les politistes réalisent des enquêtes et utilisent des données et des modèles.

1 Des modèles économiques pour développer des théories

L'économie est une science sociale. Elle étudie le problème des choix dans une société d'un point de vue scientifique, c'est-à-dire à partir d'une exploration systématique qui passe aussi bien par la formulation de théories que par l'examen des données empiriques. Une théorie est fondée sur une série d'hypothèses et de conclusions découlant de ces hypothèses. Les théories sont des exercices logiques : si les hypothèses sont correctes, alors les résultats se vérifient nécessairement. Si tous les étudiants diplômés ont plus de chances de trouver un emploi qu'une personne non diplômée, et si Hélène est diplômée, alors elle aura plus de chances de trouver un emploi qu'une personne non diplômée. Les économistes utilisent leurs théories pour faire des prévisions. Ils pourront par exemple avoir recours à une théorie pour prévoir les effets d'une hausse de l'impôt ou d'une limitation des importations de voitures étrangères. [...] Pour développer ces théories, les économistes utilisent des modèles. [...] De même que les ingénieurs construisent des modèles différents pour étudier les caractéristiques d'une voiture, les économistes construisent à l'aide de mots ou d'équations, des modèles économiques décrivant les caractéristiques d'une économie. Un modèle économique peut décrire une relation générale (« lorsque le revenu augmente, le nombre de voitures achetées s'accroît »), une relation quantitative (« lorsque le revenu augmente de 10 %, le nombre de voitures achetées s'accroît en moyenne de 12 % »), ou établir des prévisions d'ordre général (« l'accroissement des taxes sur l'essence entraînera une réduction de la demande de voitures »).

Joseph E. Stiglitz, *Principes d'économie moderne*, De Boeck, 2015.

Méthode hypothético-inductive

Elle part d'une ou plusieurs hypothèses et les confronte à l'analyse des faits pour les valider ou les invalider.

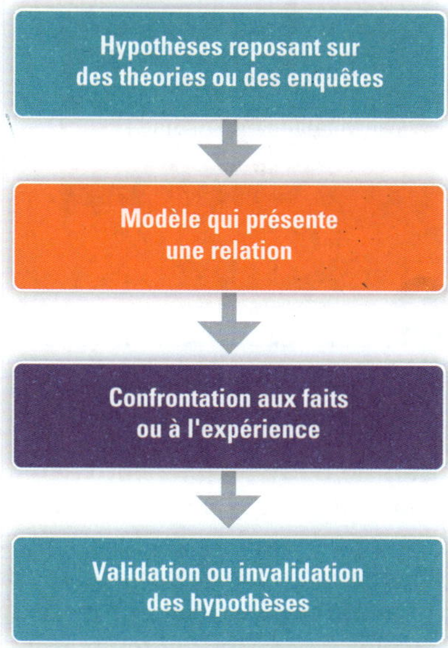

1 Quelle est l'hypothèse qui relie le revenu et les achats de voitures ? Les taxes sur l'essence et la demande de voitures ?

Si le revenu augmente, la consommation augmente ?

2 Présentez les différentes manières dont un modèle peut décrire le lien entre revenu et achats de voitures.

Si les taxes augmente, les demandes diminuent

3 Un modèle a-t-il pour ambition de décrire toute la réalité ? Que peut faire le chercheur si la confrontation de son modèle aux faits invalide ses hypothèses ?

Un modèle est une représentations simplifié de la réalité qui est fait pour expliquer les principales relations. Il peut ensuite affiner son modèle en précisant les hypothèses.

4 Dans l'extrait suivant, soulignez les hypothèses en rouge et la conclusion du modèle (projection) en bleu.

Nous projetons une croissance du PIB d'environ 7 % en 2021 et de 4 % en 2022 [...]. La progression de l'activité se renforcerait à partir du second semestre 2021. [...] Nous faisons en effet l'hypothèse qu'à mi-2021, des avancées médicales permettraient de lever les mesures sanitaires. Cela permettrait d'amplifier la confiance des ménages et des entreprises, et le rebond de l'activité amorcé fin 2021 se prolongerait en 2022, soutenu par un recul du taux d'épargne des ménages, ce qui renforcerait encore la croissance annuelle en 2022.

« Projections macroéconomiques – juin 2020 », Banque de France, juin 2020.

À SAVOIR

En économie, un **modèle** est une représentation simplifiée de la réalité utilisé pour analyser des situations réelles. Les modèles économiques sont notamment utilisés pour anticiper l'avenir ou les conséquences possibles de politiques économiques sur la base d'**hypothèses** posées par les chercheurs, à savoir des propositions admises temporairement avant d'être soumises à l'expérience qui permettra de les valider ou de les infirmer.

2 La démarche scientifique du sociologue et du politiste

Comme l'économiste, le sociologue et le politiste :

- se posent des questions ;
- pour y répondre construisent des hypothèses à partir de théories existantes ;
- vérifient les hypothèses en recueillant des données.

La recherche politique ou sociologique peut se faire sur la base de :

QUI ? COMBIEN ?	POURQUOI ? COMMENT ?
Données quantitatives (grâce à des statistiques et des questionnaires)	**Données qualitatives** (recueillies lors d'entretiens et d'observations directes)
La recherche quantitative utilise des données standardisées résultant de méthodes statistiques. Elle produit de l'information certifiée.	La recherche qualitative vise à comprendre en profondeur des attitudes, des comportements. Les données recueillies sont le plus souvent non directement chiffrables.

1 Comment les sociologues et politistes construisent-ils leurs hypothèses ?

....

2 Quelles sont les deux formes d'enquêtes qui permettent de confronter les hypothèses aux faits ?

....

3 L'enquête par entretien

Leïla, entretien, 23 juillet 2012.

Lors de notre premier entretien, elle insiste sur un moment clé de sa trajectoire scolaire, celui où son professeur principal de troisième tente de la contraindre à envisager (en deuxième vœu) une orientation en lycée professionnel [...]. Elle se méfie, suspecte un piège et se rebelle. [...] « Moi, j'ai refusé de mettre un deuxième vœu ! J'ai mis "seconde générale". Il m'a dit "Non, non, je veux rencontrer les parents quand même...". Alors que j'avais des notes correctes... Mais c'était à l'époque où les enfants de l'immigration étaient "bennés" [orientés] vers l'enseignement professionnel. [...] Et c'est moi qui ai signé à la place de ma mère en écrivant à sa place : "Ma fille ira en seconde générale, on n'a pas le temps de se déplacer..." Mais le professeur avait mis une vraie pression quoi... [...] Et d'ailleurs quand j'ai eu mon bac, j'y suis retournée [au collège] pour voir ce fameux professeur. Et je lui ai dit : "J'ai eu mon bac du premier coup ! Et un bac ES..." »

Stéphane Beaud, *La France des Belhoumi*, La Découverte, 2018.

1 Quel intérêt présente cette méthode d'enquête ? La méthode de l'observation est-elle adaptée ici ?

Montrer la perception que la famille Belhoumi a de l'école. Une méthode d'observation permettrait de mesurer dans le temps l'évolution de l'orientation lors des conseils de classe comparé entre différents enfants, les avis d'orientation.

2 Si l'on formulait l'hypothèse que les enfants issus de l'immigration sont orientés encore aujourd'hui de manière différente, quelle enquête serait pertinente pour confirmer ou infirmer cette hypothèse ?

....

FAIRE LE POINT

Associez chaque hypothèse à la méthode qui vous semble la plus appropriée pour la démontrer.

1. Les élèves dont les parents sont diplômés ont plus de chances d'avoir le baccalauréat que les autres.
2. La formation de pompier modifie progressivement la façon d'être des recrues.
3. Les relations nouées dans les partis incitent les militants à poursuivre leur engagement politique.
4. Près de 2/3 des jeunes de 15 à 24 ans entrent sur le marché du travail avec un contrat court.
5. Les élèves d'origine modeste ont plus de difficultés à s'habituer au rythme de travail en classe préparatoire.
6. Le taux d'intérêt a un impact sur l'investissement.

- **a.** Enquête statistique
- **b.** Entretien
- **c.** Observation

FICHE 5

Comment distinguer corrélation et causalité ?

OBJECTIF >> Comprendre la distinction entre corrélation et causalité et savoir mettre en évidence un lien de causalité.

1 Faut-il manger du chocolat pour être prix Nobel ?

Les données sont formelles : les pays les plus récompensés par l'académie Nobel sont aussi les plus gros consommateurs de chocolat ! Franz H. Messerli, éminent cardiologue suisse, en a donc déduit que manger du chocolat permettait d'obtenir plus de prix Nobel. En apparence, la démonstration semble logique. Mais en apparence seulement, car le professeur Messerli a allègrement sauté le fossé qui sépare corrélation et causalité. Cette erreur, nous sommes tous tentés de la commettre lorsque nous observons des courbes qui se suivent ou des cartes qui se ressemblent. Pourtant, la différence est fondamentale. Deux événements sont corrélés lorsqu'ils varient plus ou moins proportionnellement. Mais le terme causalité est employé lorsque l'un de ces événements est la cause de l'autre. Dans le cas du chocolat et des prix Nobel, rien ne permettait à Franz Messerli de déterminer que la consommation de chocolat était bel et bien la cause de l'obtention de prix Nobel.

« Corrélation et causalité : peut-on décrocher un prix Nobel en mangeant du chocolat ? », *Le Monde*, 12 septembre 2019.

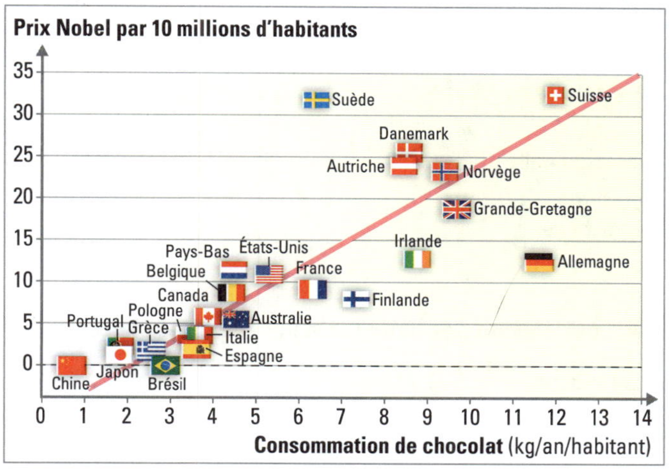

1 Existe-t-il un lien entre consommation de chocolat et nombre de prix Nobel ? Peut-on établir un lien de causalité ?

Non car On ne peut pas le prouver et ainsi il n'y a pas de lien de causalité

2 Formulez des hypothèses explicatives.

le chocolat ne permet pas d'avoir le prix Nobel car le chocolat est un aliment qui n'est pas bénéfique pour l'homme au contraire du poisson le chocolat n'apporte que du diabète et du cholestérole.

2 Expliquer une corrélation

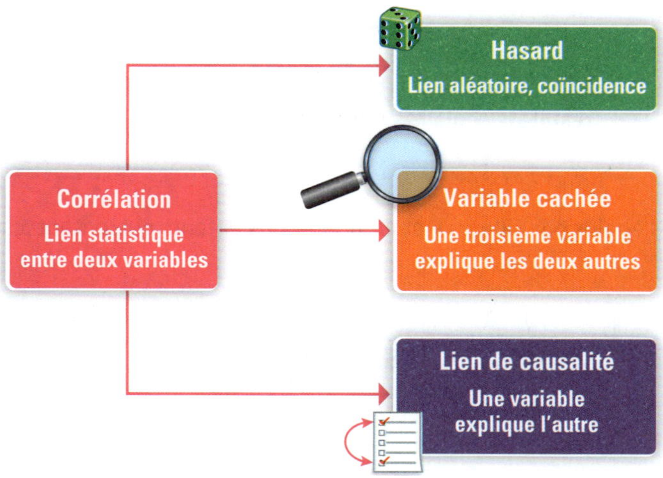

1 Quelle pourrait être la variable cachée de la corrélation entre nombre de naissances et nombre de cigognes dans les villes ?

2 Selon vous, les corrélations suivantes sont-elles liées par un lien de causalité, une variable cachée ou par le hasard ?

1. Statistiquement, les personnes qui utilisent le plus de crème solaire sont aussi celles qui ont le risque de cancer de la peau le plus élevé. variable caché

2. Statistiquement, plus le niveau de diplôme des parents est élevé, plus un enfant a une probabilité forte d'avoir un diplôme de l'enseignement supérieur. variable caché

3. Statistiquement, le nombre de vols spatiaux non commerciaux et le nombre d'enfants tués par leurs parents évoluent de manière similaire aux États-Unis dans les années 2000. le hasard

4. Statistiquement, plus le niveau de revenu est élevé, et plus la part du revenu qui est consommée est faible. causalité

3 Corrélation ou causalité ?

Situation scolaire des élèves six ans après leur entrée en sixième en 2007 (en %)

	Parmi les élèves d'origine française	Parmi les élèves d'origine portugaise	Parmi les élèves d'origine maghrébine
En première générale ou technologique	**47**	**30**	35
En seconde (en retard)	8	8	11
En voie professionnelle	37	51	44
Autre (grand retard, décrochage...)	8	11	10

Caractéristiques des élèves entrés en sixième en 2007 (en %)

Pourcentage d'élèves ayant des parents	Parmi les élèves d'origine française	Parmi les élèves d'origine portugaise	Parmi les élèves d'origine maghrébine
Sans diplôme ou avec un certificat d'études primaires	**4,7**	**50,6**	45,8
Avec un diplôme inférieur au bac	32,9	38,1	26,8
Ayant le baccalauréat	20,3	6,7	12,4
Ayant un diplôme du supérieur	41,7	2,8	11,5

D'après Yaël Brinbaum & al., *Les Trajectoires scolaires des élèves issus de l'immigration selon le genre et l'origine : quelles évolutions ?*, Cnesco, septembre 2016.

1 Pour chacun des deux tableaux, expliquez les chiffres en rouge.

Tableau : 47 % élève d'origine française, 4,7 % sans diplôme
30 % élève d'origine portugaise, 50,6 % sans diplôme

2 Observez-vous une corrélation entre l'origine migratoire et la réussite scolaire des élèves ? Est-ce un lien de causalité ?

L'ethnie et ~~la~~ l'origine ont un lien puisque les enfants d'origine française sont plus nombreux que les maghrébins et portugais. Il n'y a pas de causalité

4 Raisonner toutes choses égales par ailleurs

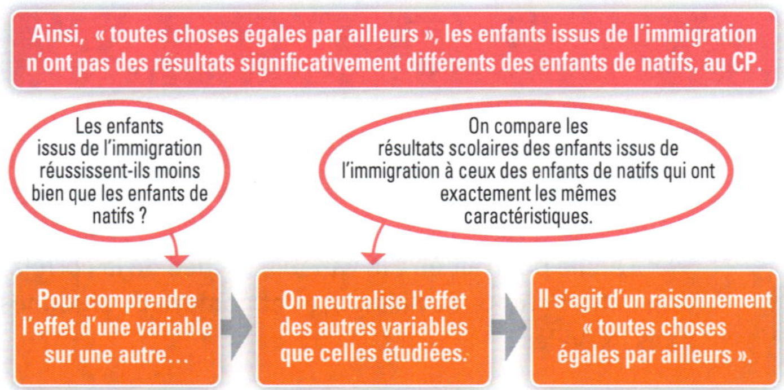

À SAVOIR

On dit que l'on raisonne **« toutes choses égales par ailleurs »** quand on analyse l'effet d'une variable sur une autre en excluant toute influence extérieure. Il faut alors s'assurer qu'aucune variable cachée n'intervienne. Par exemple, analyser l'effet de l'origine migratoire sur la réussite scolaire « toutes choses égales par ailleurs » suppose d'être certain qu'un élément extérieur, comme l'origine sociale, n'explique pas ce que l'on constate.

1 Listez des facteurs qui pourraient influencer les résultats scolaires des enfants.

L'éducation, l'ambiance du lycée, la maîtrise de la langue, la volonté

2 Comment peut-on procéder pour raisonner « toutes choses égales par ailleurs » et comparer des enfants présentant les mêmes caractéristiques ?

Comparer les enfants d'origine française et ceux issus de l'immigration mais en tenant compte des caractéristiques identiques.

FAIRE LE POINT

Vrai ou faux ?

1. S'il n'y a pas de corrélation entre deux variables, il est moins probable qu'il y ait un lien de causalité. vrai
2. Un lien de causalité peut être dû au hasard. faux
3. On peut démontrer une corrélation mais pas un lien de causalité. faux
4. Une corrélation peut s'expliquer par une variable cachée. vrai

SUR LE TERRAIN

Présenter les objets d'étude et les méthodes des économistes, des sociologues et des politistes

SAVOIRS >> économie, sociologie, science politique **SAVOIR-FAIRE >>** recherche Internet, réaliser et présenter une affiche

VOTRE MISSION

Présentez aux élèves de troisième de votre ancien collège ce que l'on étudie en sciences économiques et sociales.

Pour retenir l'attention des futurs lycéens, vous devez trouver un sujet susceptible de les intéresser. Vous étudierez le sujet des animaux de compagnie (ou le sujet de votre choix) pour présenter la méthode de l'économiste, du sociologue et du politiste à l'aide d'une affiche.

ÉTAPE 1 L'étude de l'économiste

1 En quoi ces statistiques permettent-elles de montrer l'existence d'un marché des animaux de compagnie ?

2 Quelle méthode privilégiée peut utiliser l'économiste pour étudier ce marché ?

ÉTAPE 2 L'approche du sociologue

Les animaux [...] contribuent à l'inscription sociale de la famille dans son environnement, en facilitant par exemple certaines relations de voisinage, en en compliquant d'autres, en rendant visibles aux autres certains traits de caractère et certains types de fonctionnements de la famille. Les animaux peuvent également constituer des révélateurs et des opérateurs de distinctions sociales des familles : le profil sociologique des possesseurs de chien diffère de celui des possesseurs de chat ; le cheval participe depuis fort longtemps à une « distinction » [de même que] le choix d'un animal « de race ».

A. Doré, J. Michalon et T. Líbano Monteiro, « Place et incidence des animaux dans la famille », *Enfances, familles et générations*, n° 32, 2019.

1 En quoi la possession d'animaux domestiques peut-elle révéler des différences de pratiques sociales ?

2 Quelles méthodes peut utiliser le sociologue pour étudier les relations et interactions sociales qui se structurent autour des animaux de compagnie ?

. . . .

. . . .

ÉTAPE 3 Le regard du politiste

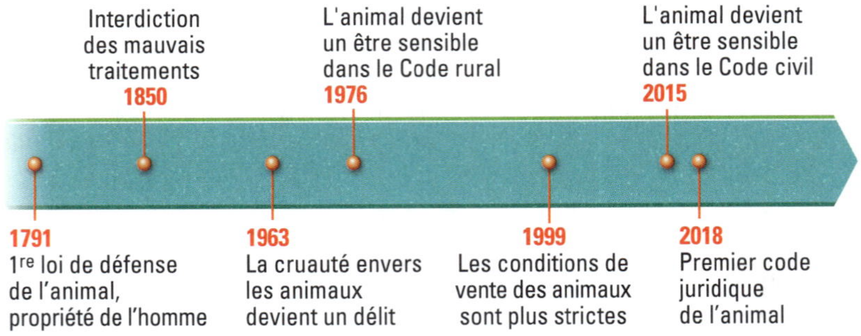

1 Expliquez en quoi les droits des animaux peuvent être un objet d'étude pour le politiste.

. . . .

. . . .

. . . .

. . . .

2 Comment le politiste peut-il étudier le processus qui va de la mobilisation d'acteurs au vote d'une loi sur la protection des animaux ?

. . . .

. . . .

. . . .

. . . .

ÉTAPE 4 Réalisez une affiche

1 **Présentez les sciences économiques et sociales à l'aide d'une affiche de format A3. Recherchez trois visuels qui permettent d'illustrer la dimension économique, sociologique et politique du sujet étudié. Pour chaque visuel, indiquez les informations qui vous permettront de présenter chaque discipline et ses méthodes.**

Visuel 1 : . . . .

. . . .

. . . .

CONSEIL

Assurez-vous que l'affiche fournit des **informations fiables** et en nombre suffisant, qu'elle est lisible et attractive. La **présentation orale** doit permettre de bien comprendre la différence entre les objets d'études et les méthodes des économistes, des sociologues et des politistes.

Visuel 2 : . . . .

. . . .

Visuel 3 : . . . .

. . . .

. . . .

Complétez le schéma avec les termes suivants : **a.** sociologie ; **b.** économie ; **c.** qualitatives ; **d.** quantitatives ; **e.** corrélés ; **f.** causalité.

COMMENT LES ÉCONOMISTES, LES SOCIOLOGUES ET LES POLITISTES RAISONNENT-ILS ET TRAVAILLENT-ILS ?

QUOI ?

....

⇨ Étudie l'usage des ressources par les agents économiques.

L'individu dispose de ressources.

- Temps
- Revenu

- But : en faire un usage efficace.

- Moyens : il faut faire un choix en fonction
  - ☑ des coûts
  - ☑ des gains attendus

⇩

L'économie étudie les choix possibles.

COMMENT ?

- ☑ Modèles-hypothèses
- ☑ Enquêtes quantitatives

QUOI ?

....

⇨ Étudie le comportement des agents sociaux en collectivité.

L'environnement social de l'individu…

- ☑ Origine
- ☑ Âge
- ☑ Lieu de vie

etc.

… a des effets sur ses comportements

- ☑ Goûts
- ☑ Pratiques de loisir et culturelles

etc.

⇩

La sociologie étudie les influences qui font de l'individu un être social.

COMMENT ?

- ☑ Enquêtes ....
  - observations
  - entretiens
- ☑ Enquêtes ....
- ☑ Collecte de données statistiques

QUOI ?

Science politique

⇨ Étudie

- ☑ Les manières légales et sociales d'obtenir le pouvoir
- ☑ L'usage du pouvoir
- ☑ Les effets du pouvoir

COMMENT ?

Même boîte à outils que le sociologue.

⚠ Corrélation ≠ Causalité

2 événements sont .... s'ils sont proches dans le temps et dans l'espace.

Il y a .... quand un événement est causé par un autre.

Pour savoir s'il existe un lien de causalité entre deux variables corrélées, on raisonne toutes choses égales par ailleurs.

Comment les économistes, les sociologues et les politistes raisonnent-ils et travaillent-ils ?

1 Qu'étudient les économistes, les sociologues et les politistes ?

>> FICHES 1, 2 ET 3

L'**économie** se propose d'étudier la répartition et l'usage des **ressources rares** (temps, revenus, travail, ressources naturelles...). Pour l'**économiste**, les agents économiques (individus, producteurs, État...) cherchent à utiliser des **ressources en quantité limitée** le plus efficacement possible pour obtenir le maximum de satisfaction compte tenu de leurs contraintes. On parle **d'allocation optimale des ressources**. Il s'agit alors d'étudier les choix qu'un individu peut faire, notamment en fonction des prix, de son revenu et de ses préférences.

La **sociologie** se propose d'étudier ce qui permet aux individus de vivre en société. Elle analyse le comportement des agents sociaux qui vivent en collectivité. Le **sociologue** étudie l'effet de l'environnement social de l'individu sur ses comportements ou ses pensées. Son origine, son âge, son lieu de vie sont autant de variables qui orientent ses goûts, ses pratiques de loisir...

La **science politique** s'efforce de comprendre comment les citoyens participent à la vie politique et d'expliquer leurs comportements politiques. Le politiste s'intéresse à **la conquête et à l'exercice du pouvoir**. Il étudie le fonctionnement des institutions et cherche à comprendre les stratégies des différents acteurs de la vie politique.

2 Ces disciplines utilisent des données et des modèles et réalisent des enquêtes.

>> FICHES 4 ET 5

Pour comprendre un phénomène observé, l'économiste formule des **hypothèses** et simplifie la réalité en s'appuyant sur des **modèles**. Il peut les confirmer, les infirmer ou les affiner en menant des expériences et en confrontant les hypothèses aux faits. Cela lui permet de faire des prévisions ou d'évaluer l'effet des politiques publiques qui sont menées.

Pour étudier les influences qui font de l'individu un **être social**, le sociologue et le politiste effectuent des **enquêtes** qui peuvent prendre la forme d'observations, d'entretiens, de **collectes de données statistiques** pour dégager si des comportements apparaissent avec une plus grande fréquence dans certains groupes plutôt que dans d'autres et comprendre pourquoi cela se passe ainsi.

Les chercheurs en sciences sociales et les économistes doivent comprendre la nature du lien qu'ils peuvent observer entre deux phénomènes. On dit que deux événements sont **corrélés** lorsqu'il existe un lien statistique entre eux : ils varient dans le même sens, ou en sens inverse.

Toutefois, même si les événements sont corrélés, cela ne signifie pas qu'il existe forcément un lien de **causalité** (c'est-à-dire que l'un des éléments explique l'autre). Une corrélation peut relever du hasard ou d'une autre variable. Une causalité doit être démontrée et pour cela il importe de raisonner **« toutes choses égales par ailleurs »** afin de tester l'effet pur d'un phénomène sur un autre, en neutralisant les autres variables.

QUIZ INTERACTIF
Je fais le bilan
flashbelin.fr/ses2c-18

L'essentiel en audio
flashbelin.fr/ses2c-18

NE PAS CONFONDRE

Les enquêtes quantitatives et les enquêtes qualitatives

Les **enquêtes quantitatives** sont une manière pour les chercheurs en sciences sociales de résumer l'information sur une société sous forme de données chiffrées. Ces enquêtes permettent d'obtenir des statistiques précieuses pour prendre du recul sur les situations individuelles et de voir ce qu'il se passe vraiment pour des groupes plutôt que des individus. Les **enquêtes qualitatives** complètent les premières en cherchant des témoignages individuels. Le regard apporté permet de comprendre plus finement comment les individus pensent et agissent.

Corrélation et causalité

Quand un économiste ou un sociologue étudie un phénomène, il observe d'abord des **corrélations**. Un exemple classique de corrélation est le suivant : « Pas de fumée sans feu ». À partir de là, l'un des objectifs est d'en expliquer les causes. Cela suppose qu'il existe une **causalité** particulière, un mécanisme, qui permet de relier les deux phénomènes observés. Dans le cas présent, c'est le feu qui provoque l'existence de la fumée, et pas la fumée qui provoque l'existence du feu. L'économiste, le sociologue et le politiste doivent donc aller plus loin que la simple observation de la corrélation pour bien expliquer les phénomènes.

MOTS-CLÉS

- **Économie**
- **Sociologie**
- **Science politique**
- **Modèle**
- **Corrélation**
- **Causalité**

Voir >> LEXIQUE – p. 93

Révisez aussi les mots-clés avec les flashcards à découper !
>> CAHIER JEU

QUIZ INTERACTIF
Vrai ou faux ?
flashbelin.fr/ses2c-19

FICHE 6 Qu'est-ce que la production ?

OBJECTIF >> Distinguer un bien d'un service et différencier services marchands et non marchands.

1 Distinguer les différents types de biens et les services

1.

2.

3.

4.

1 **Complétez la colonne des exemples à l'aide des photographies (une photographie peut aller dans plusieurs cases). Puis ajoutez d'autres exemples.**

Critère	Définition	Exemples
Service	Produit sans transformation de matière et qui ne peut être stocké. Il est de nature immatérielle (action, capacité technique ou intellectuelle).	coiffeur
Bien	Objet matériel, tangible (que l'on peut toucher) extrait de la nature ou obtenu en transformant ou détruisant de la matière.	scooter
Bien de consommation	Il permet de satisfaire un besoin.	planches, tomates
Bien de production	Il permet de produire un autre bien.	planches, tomates

2 La production au sens économique

Produire, c'est créer des biens et services que la nature ne met pas spontanément à notre disposition. La production est d'abord une création du travail humain. Pourtant, il ne suffit pas qu'il y ait du travail pour qu'il y ait activité productive, sinon l'écolier qui fait ses devoirs, le père de famille qui lave la vaisselle effectueraient une production. Les économistes ne considèrent comme productives que les activités ayant nécessité un recours à un travail rémunéré.

Denis Clerc, *Déchiffrer l'économie*, La Découverte, 2020.

1 **Retrouvez dans le texte la définition de la production au sens large et celle de la production au sens économique.**

2 **Qu'ont en commun les activités ci-dessous ? Entourez les activités productives et soulignez celles qui produisent un service.**

a. Théo fabrique des portefeuilles en cuir dans son atelier.
b. Yacine passe l'aspirateur dans son appartement.
c. Sarah sert des repas dans une association d'aide aux sans domiciles fixes de son quartier.
d. Léa donne des conseils à de jeunes entrepreneurs venus demander un financement à sa banque.
e. Elsa aide Arthur à préparer son devoir de SES.
f. Yasmine fait de la programmation informatique pour Deezer.

3 Production marchande ou non marchande ?

1. Une cheffe sert un plat dans son restaurant.

2. Des bénévoles servent des repas.

Production

Activité de fabrication de biens ou de mise à disposition de services pour satisfaire des besoins individuels ou collectifs, à partir de facteurs de production rémunérés.

Production marchande

Production vendue sur un marché à un prix supérieur à ses coûts de production et dans le but de réaliser un profit, mesuré par la différence entre le montant des ventes et celui des coûts. On parle de production « à but lucratif ».

Production non marchande

Production distribuée gratuitement ou quasi gratuitement (à un prix inférieur ou égal à 50 % de son coût de production). Elle est financée par des prélèvements obligatoires ou des dons. Elle est à « but non lucratif » car l'objectif n'est pas de réaliser un profit.

1 En comparant les photographies, distinguez la production marchande et la production non marchande.

....

2 Entourez en rouge les personnes qui assurent une production marchande et en bleu celles qui assurent une production non marchande.

a. coach dans une salle de sport
b. infirmier dans un hôpital public
c. policier d. juge pour enfants
e. professeur de sport dans un lycée public
f. salarié d'une association sportive
g. avocat dans un cabinet international

4 La production marchande et non marchande en France

Production en milliards d'euros courants	1970	2018
Agriculture, sylviculture et pêche	15,1	83,3
Industrie manufacturière, extractive et autres	86,9	939,4
Construction	22,4	303,7
Services marchands	84,3	2 215,2
Services non marchands	23,5	615,8
Total de la production	**232,3**	**4 164,1**

Tableaux de l'économie française, Insee, édition 2020.

1 Calculez la part de la production de biens, de services marchands, de services non marchands en France en 1970 et 2018. >> MÉTHODE 7 – p. 89

production (bien 1970) = (15,1 + 86,9 + 24,4) / 232,3 × 100 = 53,55

production (bien 2018) = (83,3 + 939,4 + 303,7) / 4 164,1 × 100 = 31,85 %

2 Calculez la progression de la part de la production de services marchands et non marchands entre 1970 et 2018 et comparez-la à celle de la production totale. >> MÉTHODE 7 – p. 89

(4 164,1 − 232,3) / 232,3 × 100 = 1692,6 %

FAIRE LE POINT

Complétez le texte à l'aide des termes suivants : a. biens ; **b.** marchande ; **c.** rémunéré ; **d.** immatériels ; **e.** non marchande.

Le travail humain permet de produire pour répondre à des besoins. La production au sens économique ou « activité productive » est la création de richesses par un travail .... et déclaré. Elle permet de créer des ...., produits matériels durables ou non durables, ou des services, qui sont eux .... et ne peuvent être stockés. On distingue la production ...., vendue sur un marché et qui doit permettre de dégager un profit, et la production ...., proposée gratuitement ou quasi gratuitement, qui est à but non lucratif.

FICHE 7

Qui produit des richesses ?

OBJECTIF >> Connaître les caractéristiques des différentes organisations productives.

1 Trois manières de produire de la musique

1. Entreprise Deezer

2. Cours de musique dans un collège

3. Affiche de promotion de l'association Cargo (chorale)

1 **Parmi les trois organisations productives présentées sur les photos, lesquelles assurent une production marchande ? Une production non marchande ?**

production marchande : Deezer
non marchande : collège, association

2 **Associez chaque organisation productive à sa définition.**

Association	Organisme à but non lucratif fournissant des services non marchands et financés par des dons, des cotisations des adhérents et/ou des subventions publiques.
Administration publique	Organisation productive qui produit des biens et des services destinés à être vendus sur un marché, dans le but, le plus souvent, de réaliser un profit.
Entreprise	Institutions publiques dont la fonction principale est de produire des services non marchands. Elles tirent la majeure partie de leurs ressources des prélèvements obligatoires.

3 **Comment chacune des organisations productives est-elle financée ?**

2 La diversité des entreprises françaises

Principales caractéristiques des entreprises par catégorie en 2017

	Nombre d'entreprises[1]	Effectif salarié (en milliers)
Micro-entreprises (MIC) < 10 salariés	2 146 609	2 267
Petites et moyennes entreprises – hors MIC – (PME) < 250 salariés	138 739	3 609
Entreprises de taille intermédiaire (ETI) entre 250 et 4 999 salariés	5 396	3 037
Grandes entreprises (GE) > 5 000 salariés	246	3 270
Ensemble	2 290 990	12 183

Champ retenu : France, entreprises non agricoles.
1. Entreprises, y compris activités financières et assurances.

Tableaux de l'économie française, Insee, édition 2020.

1 **Expliquez le sens des données en rouge dans le tableau.**

En 2017 selon l'INSEE il y avait 2 290 990 entreprises en France dont 246 grandes entreprises qui employaient 3270 salariés

2 **Calculez la part des micro-entreprises et des grandes entreprises dans l'ensemble des entreprises et dans l'effectif salarié. Quel constat faites-vous ?** >> MÉTHODE 7 – p. 89

MIC/ENT x 100 = 93,7 %

GE/ENT x 100 = 0,01 %

3 Les différentes organisations productives

L'économie sociale et solidaire
flashbelin.fr/ses2c-22

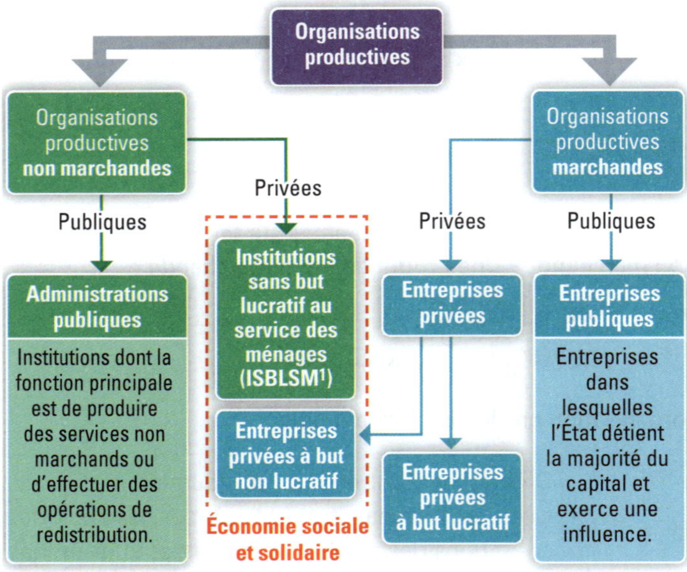

1. L'insee définit le secteur associatif au sens large comme des ISBLSM. Ce secteur regroupe des associations sportives et culturelles, caritatives, des fondations, des syndicats, qui fournissent des services aux seuls ménages. Leurs ressources proviennent du secteur public (État, collectivités locales, organismes sociaux), des ménages (dons, cotisations, collectes de fonds) et des entreprises, par le mécénat.

À SAVOIR

L'**économie sociale et solidaire** (ESS) regroupe un ensemble de structures qui cherchent à concilier utilité sociale, gouvernance démocratique et rentabilité économique. Elles prennent la forme d'associations, de coopératives, de mutuelles, de fondations et d'entreprises à statut commercial.

1 Une entreprise publique est-elle à but lucratif ?

....

....

2 Quels sont les points communs et les différences entre les administrations publiques et les institutions sans but lucratif au service des ménages (ISBLSM) ? Entre les différentes organisations productives de l'économie sociale et solidaire ?

....

....

....

....

....

....

....

....

....

3 Pour chaque producteur, indiquez à quel type d'organisation productive il appartient : 1. entreprise privée ; 2. entreprise publique ; 3. administration publique ; 4. entreprise de l'économie sociale et solidaire (précisez laquelle). Entourez celles qui produisent des services non marchands.

adidas .... SNCF .... FONDATION Abbé Pierre .... MAIF ASSUREUR MILITANT ....

E.LECLERC .... ASSISTANCE PUBLIQUE HÔPITAUX DE PARIS .... pôle emploi .... Cfdt: ....

FAIRE LE POINT

Vrai ou faux ?

1. Les entreprises de taille moyenne représentent plus de 90 % du tissu productif. ....

2. Les entreprises peuvent être publiques ou privées. ....

3. Les entreprises de l'économie sociale et solidaire ne peuvent pas réaliser de profit. ....

4. Les associations sont à but non lucratif. ....

5. Les administrations publiques assurent des services marchands. ....

FICHE 8

Comment produit-on des richesses ?

OBJECTIF >> Comprendre ce qu'est la combinaison productive et connaître les principaux indicateurs de richesse (chiffre d'affaires, valeur ajoutée, bénéfice).

1 Facteurs de production et combinaison productive

Facteurs de production

Facteur travail	Facteur capital	Ressources naturelles
Activité rémunérée en vue de produire un bien ou un service.	Le **capital fixe** désigne les moyens de production durables qui participent à plusieurs cycles de production (machines, locaux...) Le **capital circulant** ou (**consommations intermédiaires**) correspond aux biens et services qui sont transformés ou détruits lors d'un cycle de production.	Ensemble de la matière prélevée dans la nature. Elles deviennent aussi du capital circulant si elles sont utilisées pour produire.

Choix de la combinaison productive
Proportion de capital et de travail utilisé pour produire (la production peut utiliser plus de travail ou plus de capital, s'appuyer sur des facteurs complémentaires ou substituables).
Choix des technologies
Innovations qui permettent d'améliorer l'efficacité des facteurs de production.

1 Identifiez les différents facteurs de production sur la photo.

....

2 Trouvez un exemple de bien pour lequel le lait est une consommation intermédiaire.

....

3 Citez des exemples de technologies permettant d'améliorer les facteurs de production.

....

....

2 Créer une richesse nouvelle

La valeur ajoutée
flashbelin.fr/ses2c-23

CHIFFRE D'AFFAIRES (CA) Prix × nombre d'unités vendues − **CONSOMMATIONS INTERMÉDIAIRES** Biens et services achetés à d'autres entreprises = **VALEUR AJOUTÉE** Supplément de valeur apporté par l'entreprise

1 Pourquoi faut-il retrancher le montant des consommations intermédiaires au chiffre d'affaires pour calculer la « valeur ajoutée » créée par l'entreprise fabriquant les chaises ?

Il faut retrancher car il ne faudrait pas que la valeur ajouté soit supérieur aux consommations intermédiaires la richesse créer par l'entreprise, elle est calculé en déduisant de la production de la consommation intermédiaire

2 Quel est le montant de la valeur ajoutée de la chaise si elle est vendue 40 euros ?

40 - 8 = 32 €

3 Quel sera le chiffre d'affaires de l'entreprise si elle produit et vend 100 000 chaises ?

32 x 100 000 = 320 000 €
40 x 100 000 = 4 000 000

3 De la valeur ajoutée au bénéfice

Valeur ajoutée brute	–	Salaires et cotisations sociales Impôts sur la production	=	Excédent brut d'exploitation (EBE)
Excédent brut d'exploitation (EBE)	–	Intérêts versés aux prêteurs Impôts sur les bénéfices	=	Bénéfice ou résultat net produits (CA) – charges (coûts)
Bénéfice ou résultat net produits (CA) – charges (coûts)	–	Dividendes versés aux actionnaires ou parts sociales versées aux associés	=	Épargne brute (bénéfices conservés par l'entreprise)

À SAVOIR

Le **bénéfice net** ou **résultat net** correspond à la différence entre les produits (le chiffre d'affaires) et les charges (différents coûts) comme les consommations intermédiaires, les salaires et cotisations sociales, les impôts sur la production et sur les sociétés, les intérêts des emprunts. Le résultat net sert à rémunérer les propriétaires de l'entreprise et à constituer l'épargne qui servira à l'entreprise pour investir (bénéfices mis en réserve).

1 Qu'est-ce que l'EBE ? Expliquez comment le calculer à partir du chiffre d'affaires. Expliquez ensuite la différence entre l'EBE et le bénéfice net.

L'EBE est l'excédent brut d'exploitation et c'est grâce à cet excédent que nous pouvons connaître la rentabilité de l'entreprise.
E.B.E = valeur ajoutée – salaires et cotisations sociales – impôts sur la production.
L'EBE est un indicateur financier or le bénéfice net sert à constituer l'épargne qui servira à l'entreprise pour investir. L'EBE rémunère les banques, actionnaires et l'État avec les impôts

2 À quelles conditions une entreprise fait-elle des bénéfices ?

Lorsque ses chiffres d'affaires sont plus élevé que ses dépenses

3 Calculez le montant du chiffre d'affaires, de la valeur ajoutée puis de l'EBE de cette entreprise. Quel est le bénéfice net de l'entreprise ? Le montant qu'elle peut mettre en réserve ?

Une SARL produisant des skateboards a vendu 1 800 skateboards à 65 euros. Les dépenses nécessaires à cette production sont présentées dans l'encadré ci-contre.
L'excédent brut d'exploitation de l'entreprise est réparti de la façon suivante : après le prélèvement d'un tiers pour l'impôt sur les sociétés puis le versement des intérêts aux banques, le reste (bénéfice net) est réparti pour moitié pour verser des parts sociales aux associés et pour moitié mis en réserve.

Achat de bois d'érable ....C.I.	14 800 €
Achat de matières plastiques et caoutchouc (grip)...C.I.	2 100 €
Roues, roulements et écrous....C.I.	12 900 €
Salaires nets des salariés....travail	12 500 €
Cotisations sociales....travail	10 900 €
Dépenses d'énergie....C.I.	1 100 €
Dépenses de communication ....C.I.	1 200 €
Impôts liés à la production ....travail	4 500 €
Intérêts versés aux prêteurs....capital	2 500 €

chiffre d'affaires = 1800 × 65 = 117.000 €
Valeur ajouté = 14800 + 12.900 + 2100 = ~~25 600 €~~ 84 900 €
Ebe = 25.600 – 12.500 – 10.900 = ~~2100 €~~ 57 000 €
bénéfice net = 117.000 – 7.000 = ~~110.000~~ € 35 000 €
L'entreprise peut donc mettre ~~110.000 €~~ en réserve
17 500

FAIRE LE POINT

Associez chacun des principaux indicateurs de richesse de l'entreprise à sa définition :
a. chiffre d'affaires ; **b.** valeur ajoutée ; **c.** excédent brut d'exploitation (EBE) ; **d.** bénéfice net.

1. Il s'agit de la valeur de la production vendue (nombre de biens et services vendus multiplié par leur prix). chiffres d'affaires

2. Il s'agit de la différence entre la valeur ajoutée et le montant des salaires, les cotisations sociales et les impôts sur la production. EBE

3. Il s'agit de la différence entre l'EBE, les intérêts versés aux prêteurs et les impôts sur les bénéfices. bénéfice net

4. Il s'agit de la richesse nouvelle créée par une entreprise. Elle mesure la différence entre la production réalisée et les consommations intermédiaires achetées à d'autres entreprises.

FICHE 9

Comment mesurer le PIB et la croissance ?

OBJECTIF >> Savoir que le PIB correspond à la somme des valeurs ajoutées, connaître le taux de croissance et les grandes tendances de la croissance.

1 Le PIB, un indicateur qui repose sur des conventions

Le PIB (produit intérieur brut) est la somme des valeurs ajoutées réalisées par les entreprises et les administrations résidant sur le territoire national, quelle que soit leur nationalité. Du point de vue de la comptabilité nationale : PIB = somme des valeurs ajoutées brutes + impôts sur les produits (TVA + droits de douane) – subventions à l'importation.
Le PIB peut être décomposé en PIB marchand et PIB non marchand. Le PIB non marchand est la partie du PIB qui comptabilise uniquement les valeurs ajoutées réalisées par les administrations publiques et les associations évaluées par leur coût de production (les salaires notamment). Le PIB marchand comptabilise uniquement les valeurs ajoutées réalisées par les entreprises qui offrent des biens et services sur un marché.

P. Deubel, M. Montoussé, S. d'Agostino, G. Renouard, *Dictionnaire de sciences économiques et sociales*, Bréal, 2018.

1 Donnez la définition exacte du PIB selon la comptabilité nationale.

Somme des VA bruts + TVA + droits de douanes – subventions aux importations

2 Comment le PIB marchand et le PIB non marchand se calculent-ils ?

le PIB non marchand évalué au coût de fabrication.
le PIB marchand est évalué au prix de vente

3 Parmi les propositions suivantes, entourez les personnes qui exercent une activité qui entre dans le PIB non marchand.

a. artisan boulanger b. enseignant de cours privé de soutien c. policier d. enseignant à l'université e. infirmier libéral f. médecin dans un hôpital public g. salarié de la Croix-Rouge h. salarié de la Fnac i. éducateur spécialisé

2 Du PIB à la croissance

Le PIB, c'est quoi ? flashbelin.fr/ses2c-25

$$\text{Taux de croissance économique de l'année } n = \frac{\text{PIB en volume de l'année } n - \text{PIB en volume de l'année } n-1}{\text{PIB en volume de l'année } n-1}$$

La croissance est l'évolution du produit intérieur brut (PIB) sans tenir compte de la variation des prix. Si on a produit 100 l'année dernière et 110 cette année, ce peut être parce qu'on a produit 10 % en plus ou parce que les prix ont augmenté de 10 %. En réalité, c'est en général un peu des deux ! […] La croissance correspond à la seule évolution des quantités produites. […] Parce qu'il est difficile de mesurer directement l'évolution des quantités produites, la croissance est calculée par différence entre l'évolution du PIB en valeur et l'évolution des prix (entre deux trimestres ou d'une année sur l'autre). C'est ce que les économistes appellent l'évolution du PIB en volume, exprimée en %. Par exemple, si la production a augmenté de 4 %, alors même que les prix ont augmenté de 3 %, la croissance a été de 1 % : 4 % de production moins 3 % de hausse des prix. Le PIB en volume est égal au PIB en valeur diminué de l'impact de l'évolution des prix.

« Pour comprendre le PIB et la croissance », *Insee en bref*, 2017.

1 Présentez l'intérêt de la distinction entre PIB en valeur et PIB en volume. Puis, expliquez la phrase soulignée.

le PIB peut être calculé en valeur. Si on tient compte de l'effet des prix alors le PIB se calculera en volume qui correspondra à l'augmentation réelle

2 Si la production en valeur a augmenté de 5 % et les prix de 2 %, calculez la croissance du PIB en volume.

5 - 2 = 3 points de pourcentage

3 Calculez le taux de croissance de 2019, sachant que le PIB en volume est passé de 2 288,2 milliards d'euros en 2018 à 2 322,7 milliards d'euros en 2019.

Nous obtenons un taux de variation de 5 %

4 À l'aide de la vidéo, entourez les affirmations qui vous paraissent vraies.

a. Le calcul du PIB est fait en France par l'Insee. b. Chaque pays a un mode spécifique de calcul du PIB.
c. Le niveau de vie d'une population se mesure par le PIB par habitant.
d. Une récession est une baisse temporaire du PIB induisant un taux de croissance négatif.

3 Les fluctuations de la croissance

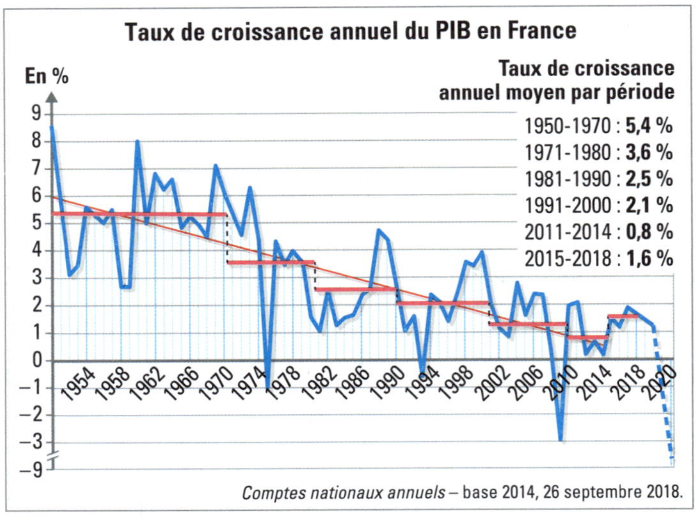

Comptes nationaux annuels – base 2014, 26 septembre 2018.

À SAVOIR

Une **récession** est une période de recul temporaire de l'activité économique d'un pays. Le plus souvent, on parle de récession si on observe un recul du produit intérieur brut (PIB) sur au moins deux trimestres consécutifs. Dans ce cas, le taux de croissance est négatif. Il importe de distinguer la récession d'un ralentissement du taux de croissance (qui reste positif) et d'une **dépression** qui qualifie une baisse forte et durable de la production mesurée par le PIB à la suite d'une crise.

1 **Quel était le taux de croissance économique en France en 2000, puis en 2001 ? Cette baisse signifie-t-elle que moins de richesses ont été créées ?**

....

....

....

2 **Quelles ont été les périodes de récession en France depuis 1950 ? Recherchez leurs causes.** RECHERCHE INTERNET

....

....

4 Une croissance millénaire

Taux de croissance pluriannuels du PIB par habitant en volume

En %	1500-1600	1820-1870	1870-1913	1913-1950	1950-1975	1975-2000	2000-2008
Europe de l'Ouest (30 pays)	15,1	63,5	77,0	32,2	151,6	66, 9	13
États-Unis, Canada, Australie, Nouvelle-Zélande	0,0	101,3	116,3	77,1	71,5	72,4	10,1
Amérique latine	5,1	−2,2	121,1	67,9	87,7	25,0	18,4
Asie	0,9	−4,7	25,6	2,9	146,3	115,6	47,8
Afrique	2,0	19,1	27,5	39,5	57,0	3,7	23,0
Monde	**5,2**	**30,7**	**75,3**	**38,5**	**93,6**	**47,7**	**26,1**

Angus Maddison, *L'Économie mondiale*, OCDE, 2007.

1 **Donnez un sens aux chiffres en rouge dans le tableau.**

....

....

....

....

2 **La croissance est-elle un phénomène récent ?**

....

....

....

3 **Calculez le taux de croissance annuel moyen du PIB de l'Europe de l'Ouest entre 1950 et 1975. Qualifiez cette période de l'histoire économique.** >> MÉTHODE 8 – p. 90

....

....

FAIRE LE POINT

Dans chaque phrase, entourez la bonne réponse parmi les deux propositions.

1. La France a connu plusieurs **récessions / dépressions** depuis 1950.
2. Le passage d'un taux de croissance de 4 % une année à 2 % l'année suivante **signifie / ne signifie pas** que le PIB a baissé.
3. Une hausse du PIB **implique / n'implique pas** toujours une hausse du niveau de vie.
4. Le calcul du taux de croissance se fait à partir du PIB **en valeur / en volume**.

SUR LE TERRAIN

Enquêter sur une organisation productive

SAVOIRS >> organisation productive, valeur ajoutée, consommations intermédiaires **SAVOIR-FAIRE >>** réaliser une monographie

VOTRE MISSION

Réalisez une monographie sur une organisation productive et présentez le résultat de vos recherches.
Choisissez une organisation productive présente à l'échelle locale. Collectez les informations et présentez ensuite un compte rendu oral de vos recherches à l'aide du support de votre choix (diaporama, vidéo, affiche).

ÉTAPE 1 Enquêter sur une organisation productive

1 À quoi sert une monographie et sur quelles techniques repose-t-elle ?

....

....

....

....

À SAVOIR

La **monographie** est une présentation la plus complète et la plus détaillée possible de l'objet étudié. Utilisée en sociologie, la monographie est une méthode d'investigation qui passe par une étude détaillée et descriptive. Cette étude porte d'une part sur une observation *in situ*, à l'aide d'une grille d'observation. D'autre part, elle repose sur le recueil de témoignages d'informateurs de terrain (membres de l'entité étudiée ou non). Et enfin sur la collecte et le dépouillement de documents (archives, articles, photographies...).

Quel statut juridique pour une entreprise ? flashbelin.fr/ses2c-29

2 Réalisez la carte d'identité de l'organisation de votre choix.

Nom : ....

Statut juridique : ....

Date de création : ....

Adresse : ....

Propriétaire : ....

Dirigeant : ....

Taille de l'organisation* : ....

*nombre de membres tels que salariés, adhérents ; ou indicateur économique tel que le CA, le bénéfice réalisé.

3 Que produit cette organisation ?

....

4 Cette organisation est-elle à but lucratif ? Quels sont ses objectifs ?

....

....

....

5 Quelles sont les démarches que vous allez réaliser pour faire votre monographie ?

....

....

ÉTAPE 2 Synthétiser les informations obtenues

1 Indiquez les dates importantes de l'histoire du développement de cette organisation (de sa naissance à aujourd'hui) à partir de vos recherches.

CONSEILS Cette étape peut vous servir de grille pour mener un entretien.

2 Décrivez à partir de votre enquête les facteurs de production utilisés par cette organisation pour produire.

Consommations intermédiaires	Capital fixe	Travail
....	....	....

3 Présentez un facteur travail et un facteur capital de façon détaillée.

Un facteur travail	Un facteur capital fixe
....	....
....	....

4 Quelles sont les sources de financement mobilisées par cette organisation afin d'obtenir les facteurs de production et produire ?

....

5 Comment cette organisation cherche-t-elle à être efficace et/ou à améliorer la qualité de sa production ?

....

....

6 Cette organisation cherche-t-elle à prendre en compte la dimension environnementale ? Si oui, comment ?

....

ÉTAPE 3 Présenter vos recherches à l'oral

1 Choisissez votre support de présentation.

❑ diaporama ❑ support vidéo ❑ affiche

2 Notez les éléments-clés que vous allez utiliser lors de votre présentation.

CONSEILS Trouvez le bon équilibre entre l'aspect attractif du support et les informations incontournables. Il ne faut ni surcharger, ni appauvrir le contenu. Lors de votre présentation, appuyez-vous sur votre support mais évitez de le lire !

Présentation de l'entreprise	Historique	Type et facteurs de production	Chiffres-clés ou autres informations importantes
....	....	....	....
....	....	....	....
....	....	....	....
....	....	....	....

Complétez le schéma avec les termes suivants : **a.** PIB (×2) ; **b.** bénéfice ; **c.** valeur ajoutée (×2) ; **d.** consommations intermédiaires ; **e.** l'économie sociale et solidaire ; **f.** capital.

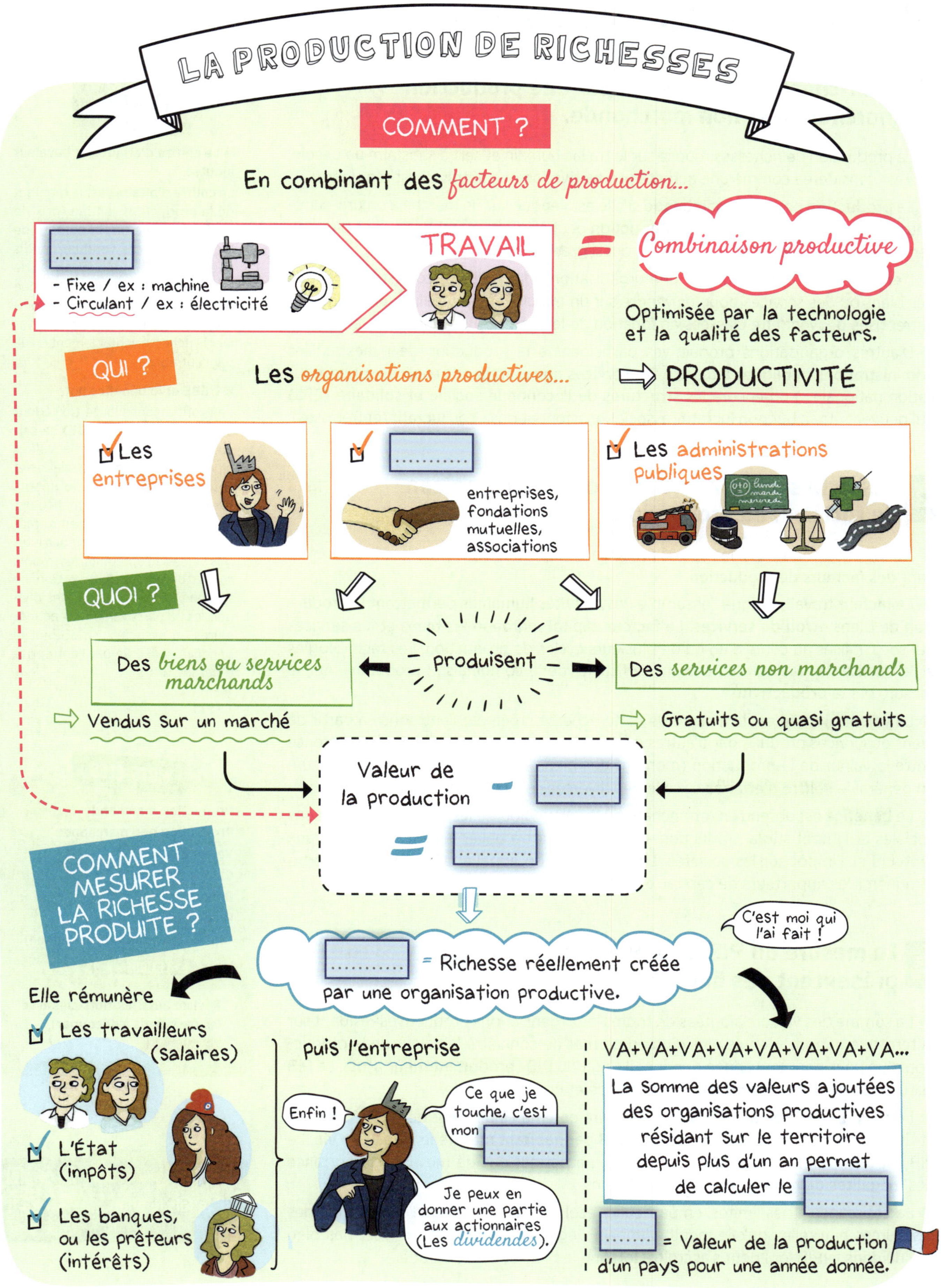

Comment crée-t-on des richesses et comment les mesure-t-on ?

L'essentiel en audio
flashbelin.fr/ses2c-32

1 Les richesses sont créées par une production marchande et non marchande.

>> FICHES 6 ET 7

- La production de richesses repose sur le travail humain et sert à satisfaire un besoin. Elle est considérée comme une **activité productive** lorsque le travail est rémunéré.
- La **production** peut être **marchande** si elle est vendue sur un marché à un prix supérieur à ses coûts de production. La **production** peut être **non marchande** si les biens ou services sont proposés gratuitement ou quasi gratuitement.
- L'**entreprise** se définit comme une organisation dont l'activité consiste à produire des biens ou des services pour les vendre sur un **marché** afin de réaliser un **profit**. Les entreprises peuvent être classées en fonction de leur **statut juridique** et de leur **taille**.
- D'autres organisations productives participent à la production de richesses : les **administrations publiques** à travers des **services non marchands** (police, justice, éducation nationale...) ou encore les **structures de l'économie sociale et solidaire (ESS)** qui peuvent être à but **non lucratif** (associations, fondations...) ou **lucratif** (entreprises).

2 Les richesses sont créées par la combinaison de facteurs de production.

>> FICHE 8

- L'entreprise, mais aussi les autres organisations productives, produisent en combinant des **facteurs de production**.
- Le **facteur travail** désigne l'ensemble des **activités humaines permettant la production de biens et/ou de services**. Le **facteur capital** regroupe les biens et les services qui sont utilisés au cours d'un ou de plusieurs cycles de production. Les **technologies** et la **qualité** des facteurs améliorent l'efficacité de la combinaison productive qui se mesure par la **productivité**.
- La **valeur ajoutée** est la mesure de cette richesse créée par l'entreprise à partir de biens et services produits par d'autres organisations productives. Elle est la différence entre la valeur de la production (montant des biens et services vendus) que mesure en général le **chiffre d'affaires** et celle des diverses consommations intermédiaires.
- Le **bénéfice** est obtenu en retranchant de la valeur ajoutée les salaires et cotisations sociales et l'impôt sur la production. Ce bénéfice sert à payer les intérêts versés aux prêteurs et l'impôt sur les sociétés. Le reste, que l'on appelle le **bénéfice net**, sert à rémunérer les apporteurs de capitaux et est conservé par l'entreprise.

3 La mesure du PIB et celle de la croissance présentent des limites.

>> FICHES 9 ET 10

- La somme des valeurs ajoutées de toutes les organisations productives résidant sur le territoire national depuis plus d'un an permet de connaître la valeur de la production d'un pays pour une année donnée : il s'agit du **PIB (produit intérieur brut)**. Le PIB est un indicateur de la production marchande et non marchande.
- Le **taux de croissance** du PIB est considéré comme l'indicateur de la performance et de la santé économique d'un pays. Le **PIB par habitant** mesure le **niveau de vie**. Le PIB est néanmoins un indicateur global qui ne permet pas de mesurer l'importance des **inégalités de revenu** entre les populations.
- La croissance a des limites, en particulier écologiques, du fait de l'exploitation des ressources naturelles qu'elle induit. L'impact négatif de la croissance n'est pas bien évalué dans le PIB, qui peut s'accroître lorsque le bien-être se dégrade.

NE PAS CONFONDRE

Le chiffre d'affaires et la valeur ajoutée

Le **chiffre d'affaires** est le montant de la production vendue (prix de vente multiplié par le nombre de biens et services vendus), tandis que la **valeur ajoutée** retranche de la valeur de la production vendue et stockée le montant des consommations intermédiaires pour évaluer la richesse véritablement créée par l'entreprise.

L'EBE et le bénéfice net

Le profit au sens large **(excédent brut d'exploitation : EBE)** se calcule en retranchant à la valeur ajoutée le montant des salaires et cotisations sociales et des impôts sur la production. Le bénéfice net de l'entreprise s'obtient en retranchant de l'EBE le montant des intérêts versés aux prêteurs, les impôts sur les bénéfices. Si on retranche au bénéfice net la valeur des dividendes ou parts versés aux actionnaires ou associés, on obtient le bénéfice conservé par l'entreprise (épargne brute).

MOTS-CLÉS

- Production marchande
- Production non marchande
- Valeur ajoutée
- Chiffre d'affaires
- Bénéfice
- Produit intérieur brut (PIB)
- Taux de croissance (économique)

Voir >> LEXIQUE – p. 93

Révisez aussi les mots-clés avec les flashcards à découper !
>> CAHIER JEU

QUIZ INTERACTIF
Je fais le bilan
flashbelin.fr/ses2c-32

FICHE 13

Comment se détermine l'équilibre de marché ?

OBJECTIF >> Comprendre comment se fixe et s'ajuste le prix et être capable de représenter et d'illustrer l'équilibre de marché.

1 L'équilibre de marché

Quand le prix d'un bien correspond à l'équilibre, le plus de consommateurs obtiennent [...] la quantité qu'ils souhaitent acheter à ce prix et le plus de producteurs vendent [...] la quantité qu'ils sont disposés à vendre. Le marché est équilibré [...], on dit que le prix atteint est le prix d'équilibre du marché. [...] À l'équilibre, aucun acheteur, ni aucun producteur n'est incité à modifier le prix ou la quantité. Dans les économies de marché concurrentielles, les prix effectifs tendent vers les prix d'équilibre auxquels l'offre et la demande sont égales. Il s'agit de la loi de l'offre et de la demande. [...] Ce que dit la loi de l'offre et de la demande, c'est que, lorsqu'un marché n'est pas en équilibre, on peut prévoir l'apparition de certaines forces de changement.

Joseph E. Stiglitz, Carl E. Walsh, *Principes d'économie moderne*, De Boeck, 2015.

1 À quoi correspond le prix d'équilibre ?

....

....

....

2 Que se passe-t-il sur un marché s'il y a plus d'offre que de demande ? Plus de demande que d'offre ?

....

....

....

....

3 Décrivez le déséquilibre, à la fois pour la demande et l'offre, sur le marché des kiwis (voir fiche 12, p. 36) si le prix passe de 2,5 à 2,75 euros. Puis, de 2,5 à 2,25 euros.

....

....

....

4 Complétez le schéma ci-contre en indiquant ce qui augmente (↗) ou ce qui baisse (↘).

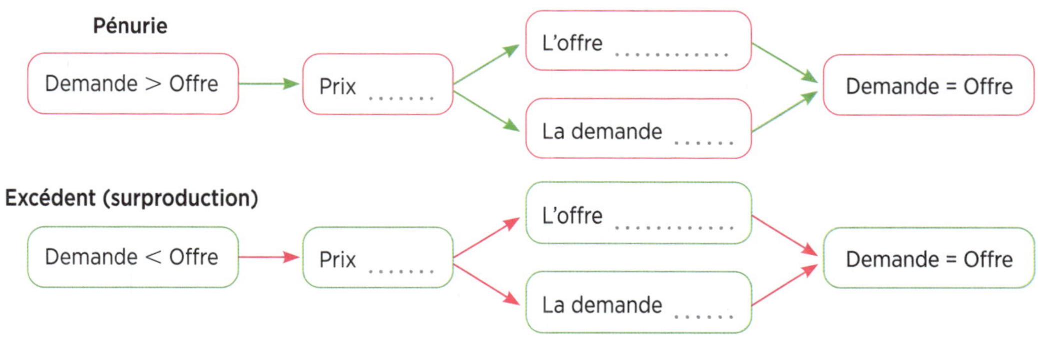

2 Le prix varie en fonction des déséquilibres

Le marché du pétrole

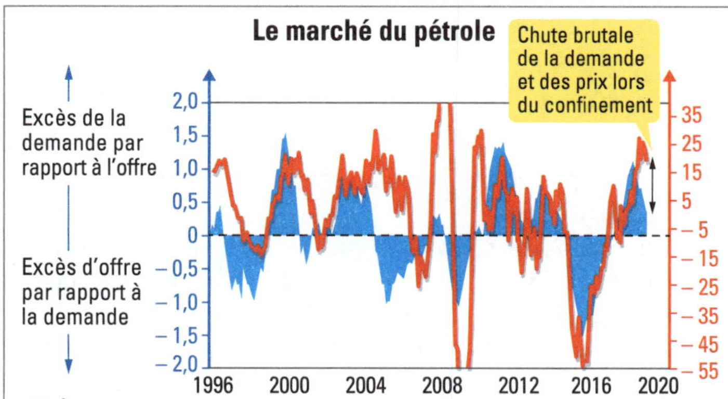

Écart entre la demande et l'offre (en millions de barils par jour)
Variation du prix du baril de pétrole (brent) en dollar US sur un an

Energy Intelligence Group Oil Market, données Groupama, 2019.

1 Montrez, à l'aide des données chiffrées du graphique, comment les déséquilibres entre l'offre et la demande affectent la variation des prix sur le marché du pétrole. Quel rôle joue le prix ?

....

....

....

....

....

....

Le pétrole est-il toujours de "l'or noir" ?
flashbelin.fr/ses2c-38

2 À l'aide de la vidéo, relevez les facteurs qui peuvent affecter l'évolution de la demande et de l'offre de pétrole.

....

....

....

....

....

....

....

....

3 Les déplacements de courbe

Offre prévisionnelle sur le marché du kiwi pour 2025

Prix du kilogramme de kiwis (en euros)	Quantité offerte (en milliers de tonnes/an)
3	79
2,75	72
2,5	67
2,25	60
2	54

1 Tracez sur le graphique la nouvelle courbe d'offre pour l'année 2025. Quelles sont les conséquences de cette modification de l'offre de kiwis sur l'équilibre de marché, en supposant que la demande reste inchangée ?

....

....

2 Des campagnes de publicités et de santé publique viennent accroître la consommation des kiwis des Français de 7 milliers de tonnes par niveau de prix (voir fiche 12, p. 36). Tracez une courbe de demande illustrant cet effet sur le marché du kiwi et décrivez-la.

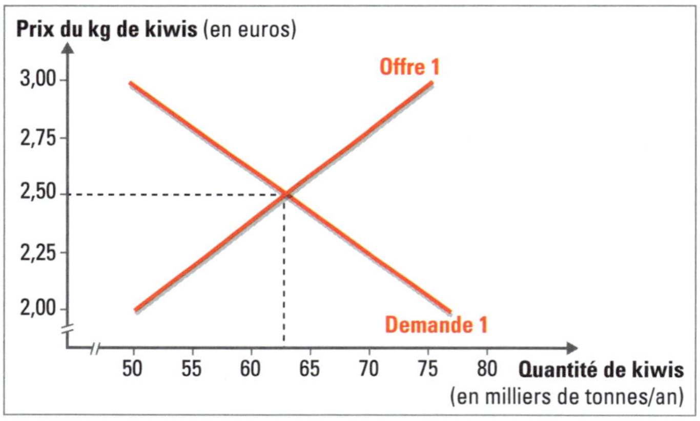

....

....

3 Analysez les situations suivantes en précisant pour chaque marché si les courbes d'offre et de demande se déplacent vers la droite ou la gauche et avec quel impact sur les prix. >> NE PAS CONFONDRE – p. 44

a) Le marché du miel est confronté à une mortalité croissante des abeilles.

....

....

b) Le confinement lié au coronavirus a stimulé les ventes de farine.

....

c) La baisse de la natalité réduit les achats de couches.

....

FAIRE LE POINT

Reliez les notions à leur définition.

1. La loi de la demande •
2. La loi de l'offre •
3. Pénurie •
4. Excédent ou surproduction •

- • **a.** Situation où les quantités demandées sont supérieures aux quantités offertes.
- • **b.** Elle montre que le plus souvent, si le prix d'un bien ou d'un service augmente, toutes choses égales par ailleurs, les producteurs sont incités à accroître leur production et inversement.
- • **c.** Toutes choses égales par ailleurs, le plus souvent, lorsque le prix d'un bien ou d'un service augmente, les quantités demandées diminuent et inversement.
- • **d.** Situation dans laquelle les quantités offertes sont supérieures aux quantités demandées.

FICHE 14 Quel est l'effet d'une taxe ou d'une subvention sur l'équilibre de marché ?

OBJECTIF >> Comprendre les effets de la mise en place d'une taxe ou d'une subvention sur l'équilibre de marché et être capable de l'illustrer.

1 L'impact d'une taxe soda sur la demande

Sodas : des taxes sur les produits sucrés en France
flashbelin.fr/ses2c-39

Les ventes de boissons sucrées et édulcorées se sont écroulées à Philadelphie (États-Unis) depuis qu'une taxe spéciale y a été imposée en janvier 2017. Cet effet justifie la propagation de ces taxes pour lutter contre l'obésité, les caries, les cas de diabète notamment dans les milieux modestes.
Philadelphie, comme d'autres villes américaines, la France, le Mexique et d'autres juridictions ont imposé ces dernières années des taxes visant à dissuader la consommation de boissons à forte teneur en sucre. À Philadelphie, [...] elle est d'environ 50 cents de dollar (45 centimes d'euro) par litre. La baisse nette des ventes est estimée à 38 %.
Pour s'assurer que la baisse est bien due à la taxe, les chercheurs ont comparé Philadelphie à Baltimore, où la taxe n'est pas appliquée : là-bas, les ventes sont restées stables. [...] Les chiffres confirment une des bases de la théorie économique : si le prix d'un produit augmente, les gens en achètent moins. [...] La France a adopté une taxe soda en 2013 modifiée en 2017.

« À Philadelphie, la "taxe soda" fait chuter les ventes de boissons sucrées », *France Info*, 16 mai 2019.

1 Quel a été l'impact de la taxe soda adoptée à Philadelphie sur ce marché ?

....

....

2 Quelle a été la méthode des économistes pour s'assurer que la baisse de la demande était bien liée à l'introduction de la taxe ?

....

....

3 À l'aide de la vidéo, expliquez quel est le principe de la taxe soda telle qu'elle a été mise en place en France depuis 2018.

....

....

4 Quel est l'intérêt d'une taxe pour un État ?

....

....

2 L'équilibre du marché sans et avec taxe

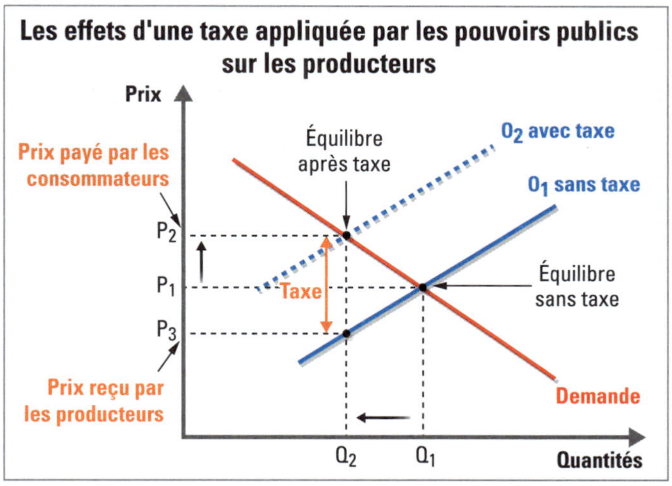

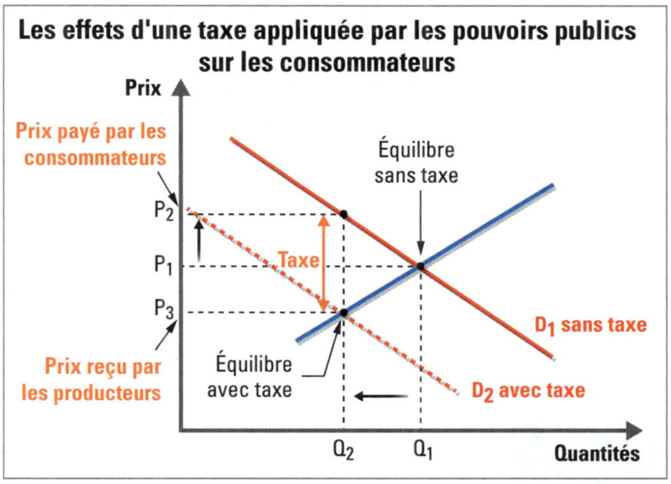

1 Présentez l'effet sur le prix et la quantité d'équilibre de l'application d'une taxe sur les producteurs ou sur les consommateurs.

....

....

....

....

....

3 La mise en place de subventions

Les effets d'une subvention sur les consommateurs

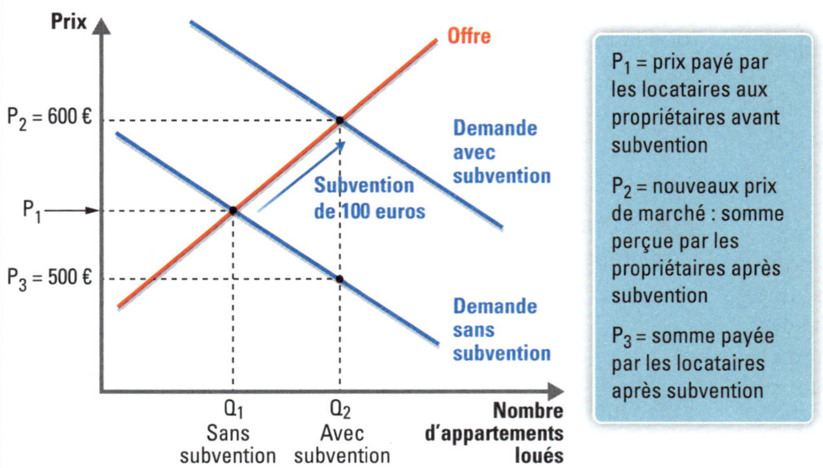

Emmanuel Buisson-Fenet, Marion Navarro, *La microéconomie en pratique*, Armand Colin, 2015.

1 Quel est l'objectif d'une subvention à l'achat ? Illustrez votre réponse à l'aide de la politique d'aide à l'achat d'un vélo à assistance électrique.

2 Quel est l'impact d'une subvention de la demande sur l'équilibre du marché locatif ?

3 À l'aide de la vidéo et du graphique, analysez le loyer versé par le locataire et celui perçu par le propriétaire avant et après subvention. Peut-on dire que la politique de subvention a des résultats ambigus ?

L'APL favoriserait les loyers élevés
flashbelin.fr/ses2c-40

FAIRE LE POINT

Dans chaque phrase, barrez le mot qui est incorrect et remplacez-le par le bon terme.

1. Une subvention aux consommateurs induit un déplacement de la courbe d'offre vers la droite. (..................)
2. L'application d'une taxe sur le consommateur se traduit par une baisse du prix d'équilibre. (..................)
3. Une taxe sur les producteurs conduit à un déplacement de la courbe d'offre vers la droite (..................).
4. L'application d'une taxe sur les producteurs augmente la quantité produite. (..................)
5. Lorsqu'une taxe est versée par l'État aux ménages, la courbe de demande se déplace vers la droite. Au nouvel équilibre, la quantité échangée augmente, ainsi que le prix. (..................)

SUR LE TERRAIN Étudier le marché immobilier

SAVOIRS >> marché, offre, demande **SAVOIR-FAIRE >>** recherche Internet, entretien

VOTRE MISSION

Trouvez un nouveau logement pour votre famille et décidez d'acheter tout de suite ou plus tard.
Votre famille est composée d'un couple dont les deux personnes travaillent et d'un enfant. Un bébé naîtra dans 6 mois, vous devez donc chercher un logement plus grand dans l'agglomération de votre choix. Vous louez pour l'instant un appartement de 70 m². Vous avez 80 000 € d'apports personnels et vous pouvez emprunter 150 000 € sur 15 ans ou 200 000 € sur 20 ans.

ÉTAPE 1 Comprendre l'évolution des prix sur le marché immobilier

1 **Qui sont les offreurs sur le marché immobilier ?**

Ce sont les agences immobilière

2 **Qui sont les demandeurs sur le marché immobilier ?**

les personnes qui cherchent un logement

3 **À partir de votre connaissance de la notion de marché, donnez une définition du « marché immobilier ».**

le marché immobilier est une place de transactions ou des propriétaires vendeurs et potentiel acheteur échange des biens.

4 **À l'aide de cette vidéo, expliquez la hausse ou la baisse des prix sur le marché de l'immobilier à partir de la loi de l'offre et de la demande dans les grandes agglomérations.**

Les prix de l'immobilier
flashbelin.fr/ses2c-41

Facteurs expliquant la hausse des prix du côté de l'offre	Facteurs expliquant la hausse des prix du côté de la demande
- centre-ville : augmentation des services telles que les transports	crédit immobilier : taux d'intérêts bas
terrains rares	délais de remboursement longs
construire devient cher	population augmentant
	anticipation de la population

5 **Rendez-vous sur le site de www.seloger.com et cliquez sur l'onglet « estimer » puis « prix du mètre carré » en bas de page et complétez les données ci-dessous.**

RECHERCHE INTERNET

flashbelin.fr/ses2c-41

• Quelle est la moyenne du prix au m² en France pour l'achat d'un logement ? ....;
Pour un appartement ? 4 588 € . Pour une maison ? 2 453 € .

• Quel est le prix au m² dans votre agglomération ? 3 591 €

• Quelle est la région où le prix au m² est le plus élevé ? Paris
Le plus faible ? Seine et Marne
Quel est le prix au m² à Paris ? Toulouse ? Cahors ? 10 806 , 3 597 € , 1767 €

6 Allez sur le site https://barometre.immobilier.notaires.fr/. Les prix sont-ils stables sur le marché de l'immobilier ?

flashbelin.fr/ses2c-42

....

....

7 Recherchez les tendances des prix dans l'agglomération choisie ou renseignez-vous auprès d'une agence immobilière.

flashbelin.fr/ses2c-42

....

ÉTAPE 2 Choisir son bien immobilier

RECHERCHE INTERNET

1 Recherchez à quel type de bien vous pouvez accéder dans l'agglomération de votre choix (maison/appartement ; ancien/moderne ; nombre de pièces ; terrasse/jardin ; quartier).

....

2 Listez les moyens qui vous permettent d'obtenir de l'information sur les biens immobiliers à vendre. Classez-les dans un ordre de préférence (vous justifierez votre choix).

....

....

....

3 Sélectionnez des biens convenant à votre famille en expliquant les raisons de votre choix (vous pouvez présenter des photos et un descriptif du bien immobilier).

....

....

ÉTAPE 3 Faut-il acheter maintenant ?

RECHERCHE INTERNET

1 La crise du coronavirus a-t-elle eu un impact sur le marché immobilier de l'agglomération choisie ? Pourquoi ? Vous pouvez aussi vous renseigner auprès d'une agence immobilière.

....

....

....

2 Recherchez un document statistique précis sur les taux d'emprunt puis analysez-le. Les taux d'emprunt sont-ils actuellement élevés ou bas ? Dans quel sens évoluent-ils actuellement ? Faut-il au regard de cette information acheter rapidement ou attendre et privilégier la location ?

....

....

....

3 Existe-t-il des aides spécifiques à l'achat d'un logement ou à sa construction qui pourraient orienter votre choix d'achat ?

....

Complétez le schéma avec les termes suivants : **a.** offre ; **b.** concurrentiel ; **c.** pénurie ; **d.** excédent (ou surproduction) ; **e.** demande.

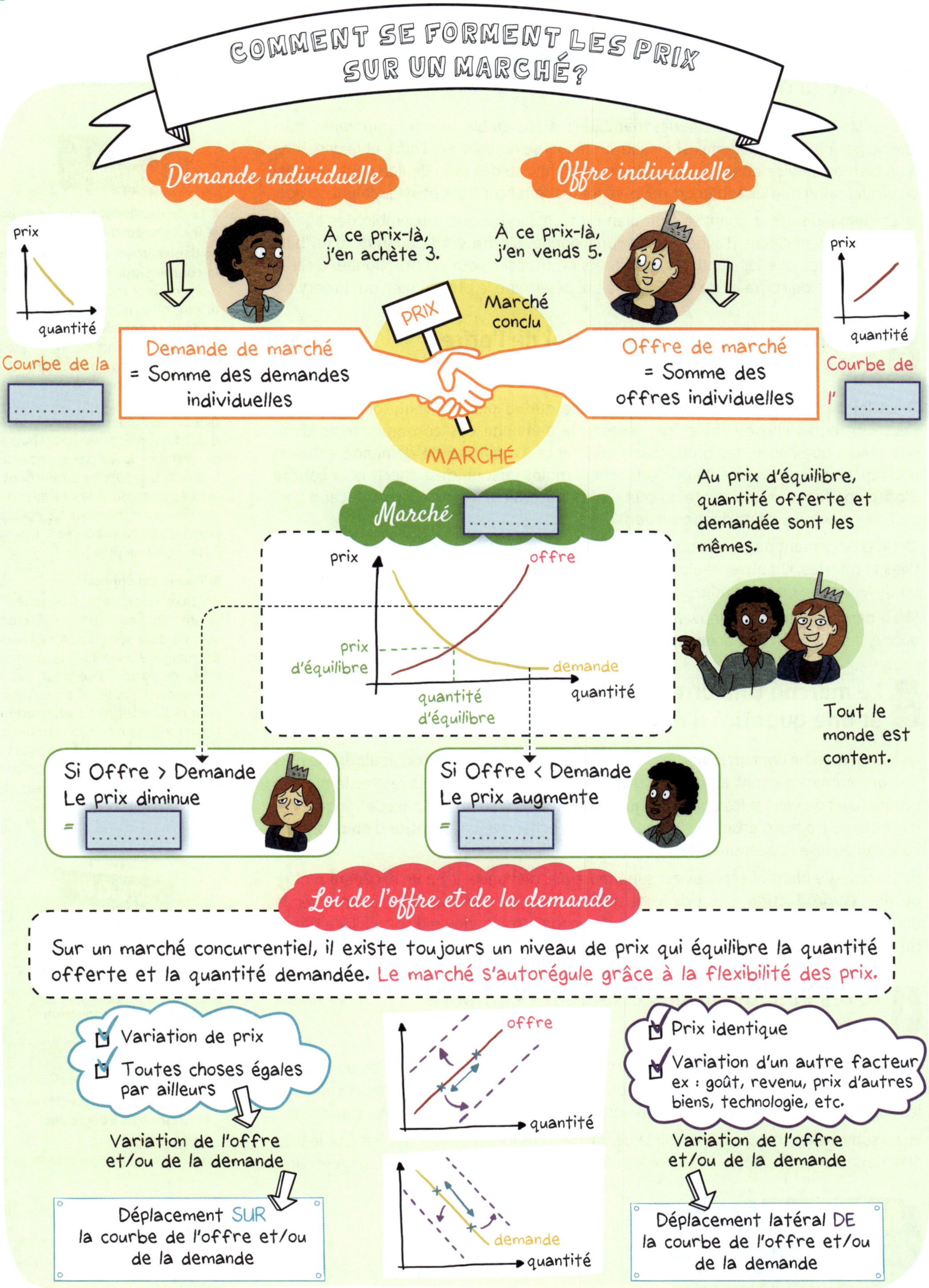

Comment se forment les prix sur un marché ?

1 Le marché est un lieu de rencontre de l'offre et de la demande.

>> FICHE 11

- Il existe une grande diversité des **marchés** (marché du blé, marché immobilier, marché du pétrole...). Un marché est un lieu sur lequel se rencontrent l'offre et la demande d'un bien ou service donné, ce qui détermine le niveau des prix. Ce lieu peut être réel ou virtuel selon que les acheteurs et les vendeurs se rencontrent physiquement ou non.
- La **demande** est la quantité d'un bien ou d'un service que l'ensemble des agents économiques décident d'acheter à un prix donné. L'**offre** est la quantité d'un bien ou d'un service que les vendeurs sont prêts à proposer pour un prix donné. C'est la confrontation de l'offre et de la demande qui détermine le prix du bien ou du service.

2 Les prix se forment selon la loi de l'offre et de la demande.

>> FICHE 12

- La **loi de l'offre et de la demande** stipule que le plus souvent, lorsque le prix s'accroît, toutes choses égales par ailleurs, la demande des consommateurs diminue tandis que l'offre des producteurs augmente. La **courbe de demande** est ainsi une fonction décroissante du prix (on achète moins lorsque c'est cher !) et la **courbe d'offre** une fonction croissante du prix (l'offre s'accroît si le prix augmente car il permet de couvrir les coûts de production).
- Un changement de prix se traduit donc par une modification des quantités demandées et offertes. On observe alors **un déplacement sur ou le long de la courbe** d'offre ou de la courbe de demande.
- La demande et l'offre peuvent aussi augmenter ou baisser pour un niveau de prix donné. Il s'agit d'un **déplacement de courbe**.

3 Le marché concurrentiel détermine un prix et une quantité d'équilibre.

>> FICHE 13

- Sur un **marché concurrentiel**, le prix tend vers l'équilibre. Au **prix d'équilibre**, le plus de consommateurs sont en mesure d'obtenir la quantité qu'ils désirent et le plus de producteurs de vendre les quantités qu'ils souhaitent. À ce prix, le plus de vendeurs et d'acheteurs trouvent ensemble un accord pour échanger. La **quantité d'équilibre** est celle qui égalise la quantité offerte et les quantités demandées.
- Si l'offre de biens et services est supérieure à la demande, il y a un **excédent** d'offre ou une **surproduction**. Les prix vont alors baisser, ce qui permet d'augmenter la demande et de revenir à l'équilibre. Si la demande est supérieure à l'offre, il y a **pénurie** d'offre et les prix augmentent, ce qui réduit la demande.

4 Taxes et subventions affectent l'équilibre du marché.

>> FICHE 14

- La fixation d'une **taxe** par les pouvoirs publics a pour but d'orienter les comportements en accroissant le prix des biens ou services pour les consommateurs (taxe sur les sodas par exemple) ou les coûts de production des producteurs (taxe carbone).
- La **subvention** cherche à soutenir la demande en réduisant le prix d'achat (sur le vélo électrique par exemple) ou à réduire les coûts de production d'un bien ou d'un service.

QUIZ INTERACTIF
Je fais le bilan
flashbelin.fr/ses2c-44

L'essentiel en audio
flashbelin.fr/ses2c-44

NE PAS CONFONDRE

Le déplacement sur une courbe et le déplacement d'une courbe

Le déplacement sur ou le long de la courbe signifie qu'un changement de prix modifie la quantité offerte ou demandée. Par contre, un **déplacement de la courbe** signifie que les agents économiques changent de comportement. Un déplacement vers la droite signifie que les agents ont tendance à plus acheter (par exemple à la suite d'un changement de goûts) ou à plus vendre (du fait par exemple de la baisse de coûts de production). Un déplacement vers la gauche signifie au contraire que les agents demandent ou produisent moins pour un même prix.

Taxe et subvention

La **taxe** cherche à surenchérir le prix d'achat d'un bien ou d'un service pour les consommateurs de manière à baisser le niveau de la demande. Elle peut aussi augmenter le coût de production pour réduire l'offre. La **subvention** cherche à soutenir la demande du consommateur et à réduire les coûts de production des entreprises pour soutenir l'offre sur un marché.

MOTS-CLÉS

Marché
Courbe de demande
Courbe d'offre
Prix d'équilibre
Excédent ou surproduction
Pénurie

Voir >> LEXIQUE – p. 93

Révisez aussi les mots-clés avec les flashcards à découper !
>> CAHIER JEU

Utilisez le kit du cahier jeu pour jouer au jeu du marché.

FICHE 16

Quel est le rôle de la famille et de l'école dans la socialisation ?

OBJECTIF >> Connaître le rôle spécifique de la famille et de l'école dans la socialisation.

1 La famille, instance fondamentale de socialisation

Les fonctions de la socialisation au sein de la famille

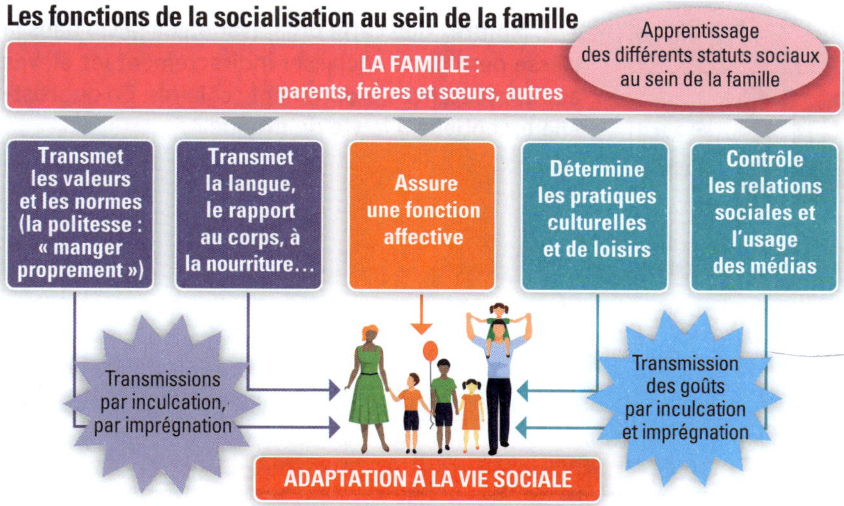

1 Que transmet la famille à l'enfant ?

....

....

....

....

2 Par quels mécanismes la famille détermine-t-elle en partie les goûts personnels ?

....

....

....

3 Les frères et sœurs participent-ils à la socialisation de l'enfant de la même manière que les parents ?

....

....

....

2 La socialisation familiale agit comme un filtre

Même si elle détient de moins en moins fréquemment le monopole de l'éducation enfantine, la famille ne reste jamais inerte par rapport aux autres cadres socialisateurs potentiels : elle peut être plus ou moins contrôleuse en matière de « fréquentations » et de sorties (contrôlant la composition du groupe des pairs fréquentables et limitant le temps passé hors de tout contrôle familial), exercer un rôle de filtre par rapport aux médias et à diverses instances culturelles extra-familiales et se charger plus généralement d'un travail, insensible mais permanent, d'interprétation et de jugement sur tous les domaines de la vie sociale. <u>Même les professionnels de l'enfance et de l'adolescence (enseignants, pédiatres, psychologues, diététiciens, assistantes sociales, etc.) ne participent à la socialisation des enfants que par l'intermédiaire des parents</u> qui ont très souvent le pouvoir d'« en prendre » et d'« en laisser », de résister plus ou moins consciemment aux injonctions extérieures et de retraduire les normes qu'on tente plus ou moins explicitement de leur imposer en matière d'éducation des enfants.

Bernard Lahire, *Les Plis singuliers du social. Individus, institutions, socialisations*, La Découverte, 2013.

1 Expliquez le passage souligné.

....

....

....

....

....

....

....

2 Pourquoi peut-on dire que la socialisation parentale « filtre » les autres influences socialisatrices des enfants ? Donnez un exemple concret.

....

....

....

....

....

....

3 Le rôle des rituels à l'école

Mettre en place des rituels de classe
flashbelin.fr/ses2c-48

Les rituels du matin

Lundi	■	●	▲	▬
Mardi	▬	■	●	▲
Jeudi	▲	▬	■	●
Vendredi	●	▲	▬	■
	Noter les absents	Le calendrier et la date	Le nombre du jour	Installer la classe

Champ : Chaque couleur (lignes du tableau) correspond à un groupe d'élèves et chaque forme à un élève de ce groupe. D'après le blog *entrez dans ma classe.fr*

1 Selon ce que dit l'enseignante dans la vidéo, à quoi sert la mise en place d'un rituel dès le matin ?

2 Montrez que cette organisation de la vie dans la classe permet de socialiser indirectement les élèves aux compétences proprement scolaires. En quoi est-elle essentielle à la vie de groupe ?

4 Des principes de socialisation contradictoires à l'école et en famille

Dans nos sociétés, la plupart des enfants sont amenés à fréquenter plus ou moins tôt des univers sociaux où les principes de socialisation diffèrent de ceux auxquels ils sont exposés dans leur famille, voire entrent en contradiction avec eux. Pour les enfants de milieux populaires, cette différence apparaît principalement avec l'entrée à l'école. Dès la maternelle, l'école promeut en effet une culture spécifique (littéraire, artistique, scientifique) qui est souvent peu familière – et parfois totalement étrangère – aux élèves issus de milieux populaires. Par rapport aux enfants de classes moyennes et supérieures, qui ont fréquemment l'occasion d'acquérir et d'apprendre à aimer cette culture au sein de leur famille à travers tout un ensemble d'activités que leurs parents organisent pour eux – lecture de livres à haute voix, achat de jeux « éducatifs », sorties à la bibliothèque, fréquentation de musées ou de monuments historiques, etc. – les enfants de milieux populaires grandissent généralement dans une plus grande distance aux savoirs et aux pratiques culturelles que l'école valorise.

Martine Court, *Sociologie des enfants*, La Découverte, 2017.

1 En quoi les attentes de l'école apparaissent-elles plus familières pour les enfants des classes moyennes et supérieures ?

L'école met en valeur l'apprentissage de techniques, de connaissances a qui correspond davantage aux pratique des catégories moyennes ou supérieurs car leurs parents ont dû faire des études

2 Comment la socialisation primaire des enfants explique-t-elle cette différence entre les groupes sociaux ?

Les enfants vont recevoir des attentes proches de celle de l'école, des classes populaires au moyennes.

3 Quelles conséquences cela peut-il produire sur les parcours scolaires ?

Cela peut créer des inégalités parce que les parents des classes moyennes et supérieurs connaissent les attentes de l'école et préparent leurs enfants, tandis que pour les familles populaires, l'école n'a pas toujours été valorisante. En France nous valorisons bcp le diplôme par rapport par la profession

FAIRE LE POINT

Vrai ou faux ?

1. La famille est un acteur de socialisation équivalent aux autres. Faux
2. La famille n'a aucune influence sur les goûts et les choix des enfants. Faux
3. Les normes et valeurs transmises à l'école sont plus proches de celles transmises par la famille aux enfants de milieux favorisés. Vrai
4. L'école n'apporte pas qu'une instruction ; elle socialise aussi les enfants. Vrai

FICHE 17 Quel est le rôle des médias et du groupe des pairs dans la socialisation ?

OBJECTIF >> Connaître le rôle des médias et du groupe des pairs dans le processus de socialisation des enfants et des jeunes.

1 L'usage d'Internet dans les relations sociales

L'usage d'Internet dans les relations sociales selon l'âge en 2019

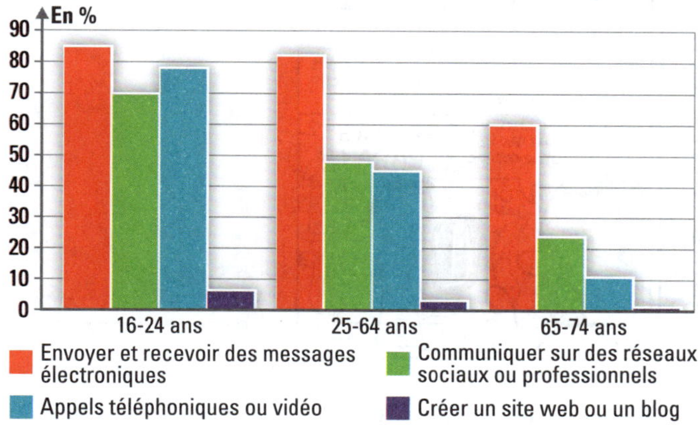

« Usage de l'Internet pour les relations sociales selon l'âge. Données annuelles de 2012 à 2019 », Chiffres clés, Insee, 2020.

1 Quel pourcentage des 16-24 ans utilise Internet pour communiquer sur des réseaux sociaux et professionnels ? Comparer cette donnée avec celle des 65-74 ans.

Selon le tableau de l'Insee il y a 70 % des jeunes de 16-24 contre 23 % des 65-74 /

2 Montrez que la socialisation des jeunes s'effectue par l'usage d'Internet.

On constate que ce sont des jeunes qui utilisent des réseaux sociaux ou internet pour leurs relations sociales

3 Comment la socialisation peut-elle expliquer les écarts de pratiques entre les 16-24 ans et les 65-74 ans ?

Dès l'enfance les jeunes utilisent internet et les moyens de communication, cela fait partie de leurs socialisations ce qui n'est pas le cas des générations de 65-74 ans

2 La socialisation par les réseaux sociaux

Tik Tok s'inscrit dans la lignée des précédents réseaux sociaux « des jeunes » qu'étaient Snapchat, Periscope ou Instagram. Sa création, autre grand classique, provoque tout un tas d'inquiétudes liées aux nouveaux usages que l'application génère. Son contrôle échappe aux parents qui n'y comprennent rien ou sont las de se mettre à jour chaque année. [...] C'est d'ailleurs là que réside l'intérêt pour les jeunes de 12 à 18 ans : ne pas être vu ni jugé par les aînés. On trouve notamment sur Tik Tok de nombreuses vidéos de très jeunes adolescentes, le nombril à l'air, en train de se déhancher comme Shakira sur du Cardi B. Avec un problème majeur : elles sont vues par des millions d'utilisateurs. Certains ados sous pseudo sont propulsés très rapidement au rang de star, comme d'autres avant eux sur Snapchat, Instagram ou YouTube. Scrutés, jugés, ils peuvent se retrouver victimes de harcèlement. [...]
Mais s'inquiéter des dérives de Tik Tok, c'est oublier aussi que les précédents réseaux sociaux « des jeunes » comportaient aussi, à leur époque, de nombreux risques aux yeux des anciens. Des règles plus strictes seront probablement appliquées dans les mois qui viennent sur Tik Tok. Ce qui provoquera sans aucun doute un premier désamour des adolescents, qui constituent le cœur de cible d'un réseau social car étant les plus gros consommateurs. C'est la règle tacite mais elle est aussi immuable : quand les parents commencent à s'intéresser à un réseau, les adolescents le quittent.

Gurvan Kristanadjaja, « Réseaux sociaux : Tik Tok dit l'ado, gros hic dit l'ancien », *Libération*, 3 janvier 2019.

1 En quoi Tik Tok est-il une instance de socialisation pour les adolescents ?

Des pairs qui prennent de plus en plus de place dans la vie d'adolescents

2 En quoi la socialisation sur les réseaux sociaux s'oppose-t-elle à la socialisation primaire des jeunes ? Quels peuvent être les risques des réseaux et de Tik Tok ?

les réseaux peuvent diffuser des valeurs ou des normes en opposition avec celle de la famille. L'adolescent peut voir des images transgressives par rapport à ses références familiales. Absence de contrôle social mais aussi de harcèlement qui aujourd'hui qui n'a plus de limites dans le temps

3 Le groupe des pairs, une intégration négociée

Riad Sattouf, *Les Cahiers d'Esther : Histoires de mes 11 ans*, (tome 2), Allary Éditions, 2017.

1 Comment les pairs interfèrent-ils dans le choix de sac d'Esther ? De quelle manière socialisent-ils la jeune fille ?

....

....

....

4 Qui accompagne les pratiques de loisir des jeunes ?

Consommations d'activités avec les parents, un ou des copains, ou un membre de la fratrie (en %)

	11 ans			17 ans		
Activité	**Avec un parent**	**Avec un membre de la fratrie**	**Avec un ou des copains**	**Avec un parent**	**Avec un membre de la fratrie**	**Avec un ou des copains**
Regarder la télévision	60,5	74	8	52	51,5	22
Écouter la radio	39,5	37	8	24,5	17,5	21,5
Écouter de la musique enregistrée	29,5	46,5	20	10	17,5	40
Pratiquer sa passion	19,5	25	51	12,5	20,5	70
Utiliser un ordinateur	19	29	12	5	12,5	20,5
Faire du sport	14,5	24,5	57,5	12,5	20,5	70
Jouer à des jeux vidéo	11	49,5	22	5,5	39	45,5

Sylvie Octobre et Nathalie Berthomier, « Socialisation et pratiques culturelles des frères et sœurs », *Informations sociales*, n° 173, 2012.

1 Peut-on dire que la socialisation parentale est plus en concurrence avec celle des pairs lorsque l'enfant grandit ?

....

....

FAIRE LE POINT

Rédigez un paragraphe qui explique le rôle des différentes instances de socialisation à l'aide des mots suivants : médias ; socialisation ; influencer ; groupe des pairs.

....

....

....

FICHE 18 En quoi la socialisation est-elle différenciée selon le milieu social ?

OBJECTIF >> Savoir illustrer le caractère différencié des processus de socialisation en fonction du milieu social.

1 Sous les loisirs, la classe sociale

1.

2.

3.

1 **Pour chacune des photographies, indiquez quel peut être le milieu social d'appartenance des enfants. Indiquez, pour chaque situation, quelles normes sont transmises dans la pratique de ces loisirs.**

1) classe moyenne / supérieur 2) classe populaire 3) classe supérieur

2 Des sports différents selon les classes sociales

La pratique encadrée est déjà largement diffusée mais aussi socialement distribuée : les enfants qui n'ont aucune activité physique et sportive encadrée n'appartiennent presque jamais aux familles des classes supérieures, mais assez systématiquement à celles des classes populaires et des petites classes moyennes. Les écarts dans les goûts et les pratiques en la matière se construisent donc très précocement. Les enfants sont très inégalement exposés à des expériences pédagogiques hors du cadre de l'école en fonction des rapports que les parents entretiennent à ces activités mais aussi de leurs conditions matérielles d'existence. Ainsi, si la pratique d'une activité physique et sportive encadrée concerne une partie non négligeable des familles des classes populaires stables et des petites classes moyennes, elle s'avère systématique dans les classes moyennes supérieures et dans les milieux les plus favorisés. [...] La nature de l'activité pratiquée, le lieu de pratique, son intensité, ou encore son association avec des pratiques informelles familiales plus ou moins développées et inscrites (ou pas) dans une perspective éducative construisent des différences importantes entre l'expérience sportive des enfants des différentes classes et fractions de classe. Ces activités contribuent ainsi à la formation de dispositions inégalement rentables dans les parcours scolaires et professionnels.

Christine Mennesson, Julien Bertrand et Sarah Nicaise, « Quand le sport construit la classe », *in* Bernard Lahire, *Enfances de classe*, Le Seuil, 2019.

1 **Dans quelle classe sociale, les enfants pratiquent-ils de façon systématique une activité physique et sportive ?**

classe supérieur / moyenne

2 **Les activités sportives sont-elles les mêmes ? Produisent-elles les mêmes compétences ?**

non à cause des coût financier

3 **Dans quelle mesure les activités physiques peuvent-elles être utiles dans le travail scolaire ?**

Dans l'apprentissage de certaines techniques

3 La consommation d'écrans chez les enfants de 2 ans

	Enfants non utilisateurs	Enfants omnivores quotidiens (utilisent 3 ou 4 écrans tous les jours)
Diplôme des parents :		
Père et mère inférieur ou égal au bac	22	45
Père et mère supérieur au bac	50	25
PCS des parents :		
Père et mère employés, ouvriers ou inactifs	19	36
Père et mère cadres, profession intellectuelle supérieure ou indépendants	48	21
Niveau de revenus du ménage :		
Faible	17	31
Élevé	19	11

Sylvie Octobre et Nathalie Berthomier, « Enfants et écrans de 0 à 2 ans à travers le suivi de la cohorte Elfe », *Culture Études*, 2019.

1 Quel est le pourcentage d'enfants de 2 ans utilisant 3 ou 4 écrans tous les jours dont les deux parents ont un diplôme inférieur ou égal au bac ?

....

....

....

2 Que peut-on dire du rapport des différents milieux sociaux aux écrans ? En quoi est-ce le signe de pratiques sociales différenciées ?

....

....

....

....

....

4 Différentes modalités de gestion de l'autorité

La manière dont l'autorité familiale s'exerce sur les enfants varie fortement et prépare très inégalement les enfants au régime disciplinaire de l'école. Dans certains cas, cette autorité passe essentiellement par l'intervention directe de ceux qui l'incarnent et en premier lieu les parents. On retrouve cette forme de régulation majoritairement dans les familles populaires. Dans les classes supérieures et moyennes, l'autorité s'exerce davantage par l'entremise de règles explicitées comme telles et auxquelles les enfants sont censés obéir. Le clivage entre ces deux formes d'autorité recoupe des différences concernant les sanctions et les attentes parentales vis-à-vis de l'intériorisation des contraintes par les enfants. [Les modalités de la régulation du temps d'écran qui sont possibles pour les enfants] sont socialement clivées. Dans les familles de classes supérieures et moyennes, on trouve davantage de plages horaires ou de durées maximales définies à l'avance, tandis que dans les familles de classes populaires les parents interviennent plus fréquemment eux-mêmes pour signifier qu'il est temps d'arrêter.
Par exemple, Aleksei, des classes moyennes, ne peut regarder la télévision que le mercredi ou le week-end et sur une durée maximale d'une heure et demie ; Yoann, des classes supérieures, peut utiliser la tablette ou la console de jeux depuis peu, le week-end et pour un temps restreint dont la fin lui est indiquée par avance. [Dans la majorité des familles populaires], ces usages sont davantage régulés par l'intervention directe des parents et la durée autorisée varie en fonction du contexte.

Géraldine Bois, Gaële Henri-Panabière et Aurélien Raynaud, « Obéir et critiquer », *in* Bernard Lahire, *Enfances de classe*, Le Seuil, 2019.

1 Indiquez ce qui différencie le rapport à l'autorité des milieux populaires et des classes supérieures.

....

....

....

....

....

....

2 Quel est le milieu social qui valorise le plus l'autonomie ? Avec quels effets sur la réussite scolaire selon vous ?

....

....

....

....

....

....

....

FAIRE LE POINT

Complétez le texte à l'aide des termes suivants : a. dispositions ; **b.** pratiques culturelles et sportives ; **c.** milieu social d'appartenance ; **d.** réussite scolaire.

La socialisation reçue par les enfants n'est pas la même selon leur .... Cette différenciation se retrouve dans les .... D'une manière générale, les modèles éducatifs et les loisirs des classes supérieures transmettent aux enfants des .... propices à leur ...., ce qui est moins le cas pour les enfants de classes populaires.

FICHE 19 En quoi la socialisation est-elle différenciée selon le genre ?

OBJECTIF >> Savoir illustrer le caractère différencié des processus de socialisation en fonction du genre.

1 Sport de fille, sport de garçon ?

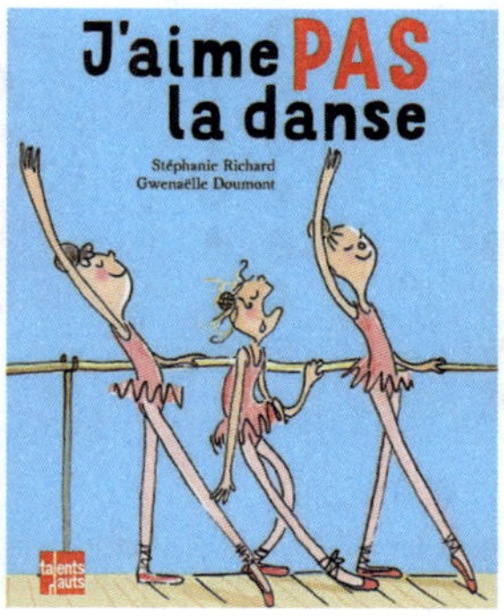

1 Quels sports sont selon vous le plus pratiqués par les filles et les garçons ?

Garçons : foot, rugby, sports de combats

filles : danse, équitation, gymnastique

2 Quels stéréotypes concernant les sports masculins et féminins sont combattus par les livres ci-dessus ?

1. les femmes peuvent jouer aux foots 2. elles n'aiment pas toutes la danse
3. les pratiques genrées

3 Que peuvent ressentir des filles et des garçons qui pratiquent des sports traditionnellement associés à l'autre sexe ?

Ils peuvent subir des moqueries ou éviter ces moqueries

2 Des attentes parentales différenciées

Psychologues et sociologues convergent pour mettre en évidence les injonctions parentales distinctes selon le sexe des enfants. Or, celles-ci opèrent moins au travers d'injonctions explicites ou de sanctions négatives que par un « renforcement différentiel » des comportements affichés par leurs enfants. En lien avec ces pratiques, les jeunes enfants savent adopter le comportement de sexe auquel on les a assignés avant même de pouvoir référer ce comportement et ce sexe à un certain type d'anatomie. [...]
L'asymétrie sexuée des injonctions parentales commence dès la prime enfance. Les parents perçoivent leur nouveau-né différemment selon son sexe : les filles sont « mignonnes », « petites », les garçons sont « solides », « éveillés », « costauds ». Dans les années 1970, des chercheurs américains ont montré la même photo d'un bébé qui pleure à des étudiants : lorsqu'on disait à ces derniers qu'il s'agissait d'un garçon, ils décrivaient un bébé en colère, si on leur disait qu'il s'agissait d'une fille, alors le sentiment le plus souvent cité était la peur. Les parents parlent par exemple beaucoup plus au garçon de ses organes génitaux qu'à la fille. Les sentiments attendus sont différents : l'expression des sentiments est encouragée chez les filles et la colère réprimée, tandis qu'elle est davantage tolérée chez les garçons.

L. Bereni, S. Chauvin, A. Jaunait, A. Revillard, *Introduction aux études sur le genre*, De Boeck, 2020.

À SAVOIR
Le **rôle social** d'un individu représente l'ensemble des comportements attendus de lui dans certaines situations ou selon son sexe.

1 Trouvez d'autres exemples de traits de caractère souvent associés aux filles et aux garçons que ceux mentionnés dans le texte.

“mignonnes”, “petites”, “solides”
“éveillés”, “costauds”

2 Expliquez ce qu'est le « renforcement différentiel » des comportements affichés par les enfants dont parlent les auteurs.

les parents ont intériorisé des stéréotypes et les attribuent aux enfants.

3 Comment peut-on expliquer que les attentes soient différentes selon le sexe de l'enfant ?

À cause du renforcement différentiel que les parents entretiennent

3 La socialisation entre pairs renforce les comportements genrés

À la récré, les élèves apprennent d'abord à se conformer aux codes de leur sexe : entre filles, on papote, on marche, on se câline ; entre garçons, on bouge, on joue à la bagarre, on fait du bruit. Selon une récente enquête de l'Unicef[1], à la proposition : « À l'école, en tant que garçon, je peux participer aux mêmes jeux que les filles si je le souhaite », seuls 69 % des garçons ont répondu « Oui, vraiment », contre 77 % des filles à la question symétrique. Il n'est pas toujours facile de faire bouger les lignes. L'étude confirme aussi que les relations filles-garçons ne vont pas toujours de soi, plutôt en primaire selon les filles, plutôt au collège selon les garçons. À l'âge de l'entrée en sexualité, « traîner » avec les filles ne fait pas viril, à moins d'enchaîner les conquêtes…

Anne Lamy, « Mixité : genres de jeux et jeux de genres », *L'École des parents*, n° 631, 2019.

1. Consultation nationale 2018 des 6-18 ans : *Quel genre de vie ? Filles et garçons : inégalités, harcèlements, relations.*

Se mettre en rangs dans une classe de CM2

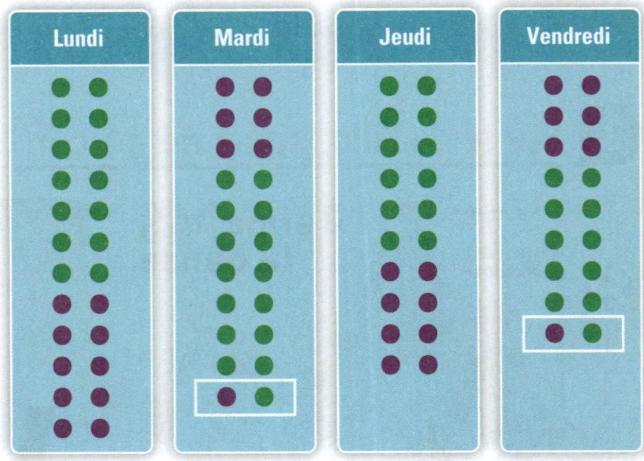

Édith Maruéjouls-Benoit, « Mixité, égalité et genre dans les espaces du loisir des jeunes : pertinence d'un paradigme féministe », Thèse de doctorat en géographie, 2014.

1 À l'aide du texte, décrivez les activités que les filles ont lorsqu'elles jouent ensemble et celles des garçons. Quels types de réactions peuvent créer ou entretenir ces activités genrées ?

……………………………………………………………………

……………………………………………………………………

2 Que peut-on remarquer concernant la répartition des rangs de cette classe de CM2 ? Comment l'expliquer ?

……………………………………………………………………

……………………………………………………………………

4 Des jouets encore largement genrés

Les stéréotypes persistent dans les catalogues de jouets
flashbelin.fr/ses2c-54

1 Que remarquez-vous sur cette photo du rayon jeux pour enfants d'une grande surface ?

jouets masculins : bleus
féminins : rose

2 À l'aide de la vidéo, présentez comment les stéréotypes de genre sont maintenus dans les catalogues de jouets pour enfants. Avec quels effets ?

……………………………………………………………………

……………………………………………………………………

……………………………………………………………………

……………………………………………………………………

FAIRE LE POINT

Retrouvez la définition des termes suivants : a. socialisation genrée ; **b.** socialisation différentielle ; **c.** stéréotypes de genre.

1. Elle désigne le fait que les filles et les garçons ne sont pas socialisés aux mêmes attitudes, comportements et préparés aux mêmes rôles sociaux. socialisation genrée
2. Caractéristiques fondées sur des idées préconçues, attribuées à un groupe de personnes selon leur genre. stéréotypes de genre
3. Transmission de normes et de valeurs différentes selon l'origine sociale ou le genre. socialisation différentielle

SUR LE TERRAIN

Enquêter sur les représentations du genre dans les albums jeunesse

SAVOIRS >> socialisation genrée, représentations sociales **SAVOIR-FAIRE >>** lecture d'un tableau statistique, comparer des résultats scientifiques à une observation

VOTRE MISSION

Réalisez une enquête à partir de données statistiques sur les représentations genrées dans les albums jeunesse.

La lecture d'albums de jeunesse est relativement fréquente, que ce soit en famille, à l'école ou à la bibliothèque municipale. Vous enquêterez sur les représentations genrées proposées dans les albums jeunesse à destination des enfants de moins de 10 ans, puis vous proposerez un compte rendu écrit de vos conclusions.

ÉTAPE 1 Comprendre le caractère genré des albums jeunesse

Nombre d'albums mettant en scène un personnage masculin ou féminin selon le type d'activité professionnelle

Type d'activité professionnelle	Nombre d'albums mettant en scène un personnage masculin	Nombre d'albums mettant en scène un personnage féminin
Enseignement et soins aux enfants	6	27
Commerce	44	16
Médecine	20	1
Arts	25	6
Aventure et nature	36	2
Ordre et justice	38	1
Sciences et métiers intellectuels	10	1
Politique	7	1

Étude de 537 albums illustrés destinés aux 0-9 ans publiés pour la 1re fois en 1994 en France.
Étude conduite par Sylvie Cromer, Isabelle Cromer et Carole Brugeilles,
« Les représentations du masculin et du féminin dans les albums illustrés », *Population*, 2002.

1 Calculez le nombre d'albums mettant en scène un personnage masculin ainsi que le nombre d'albums mettant en scène un personnage féminin.

....

2 Dans quelle activité professionnelle les personnages masculins sont-ils les plus représentés ?

....

3 Dans quelle activité professionnelle les personnages féminins sont-ils les plus représentés ?

....

4 À l'aide de la vidéo, indiquez comment sont représentés les personnages féminins dans les albums que la sociologue a étudiés. Comment sont représentés les personnages masculins ?

Les représentations du genre dans la littérature jeunesse
flashbelin.fr/ses2c-55

....

....

....

ÉTAPE 2 Mener l'enquête pour vérifier une analyse sociologique

1 Choisissez dans votre bibliothèque personnelle, ou en vous rendant dans une bibliothèque, 10 albums jeunesse destinés à des enfants de moins de 10 ans. Puis, remplissez le tableau suivant :

Titre de l'album	Sexe du personnage principal	Sexe du personnage secondaire	Rôle ou activité principale du héros de l'histoire
....	....	....	....
....	....	....	....
....	....	....	....
....	....	....	....
....	....	....	....
....	....	....	....
....	....	....	....
....	....	....	....
....	....	....	....
....	....	....	....

3 Calculez la proportion d'hommes et de femmes parmi les personnages principaux et secondaires.

....

....

....

....

ÉTAPE 3 Proposer un compte rendu écrit de votre enquête

1 Organisez votre réponse selon 3 axes : les convergences entre votre enquête et celle de la sociologue Sylvie Cromer ; les divergences entre votre enquête et celle de la sociologue ; les hypothèses pour expliquer ces divergences. >> MÉTHODE 2 – p. 84

CONSEIL
Vous veillerez à illustrer votre propos à l'aide des ouvrages que vous avez sélectionnés.

....

....

....

....

....

....

....

....

Complétez le schéma avec les termes suivants : **a.** valeur ; **b.** socialisation ; **c.** norme ; **d.** imprégnation ; **e.** inculcation ; **f.** groupe de pairs ; **g.** genre.

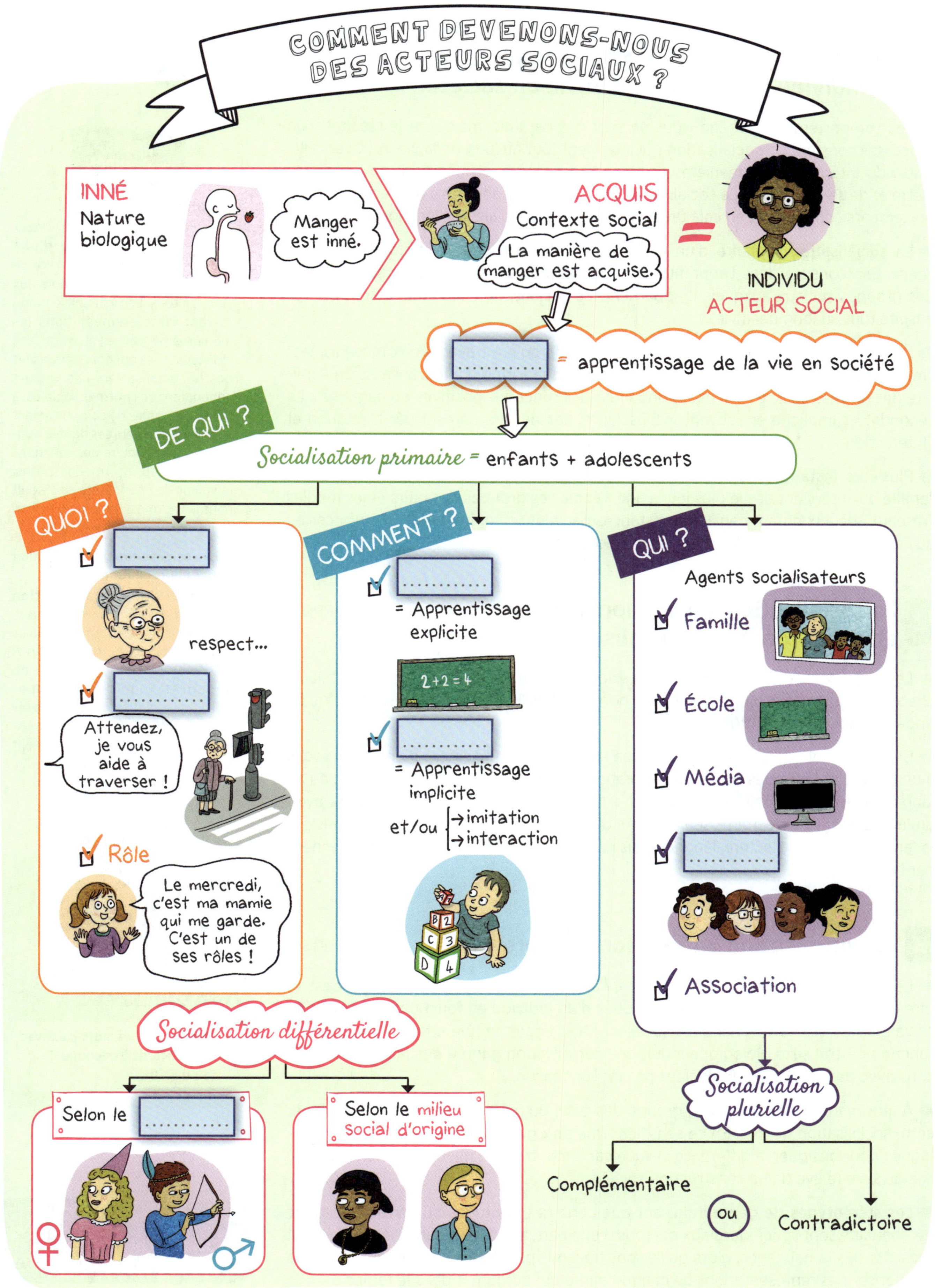

Comment devenons-nous des acteurs sociaux ?

1 Le processus de socialisation permet à l'individu de s'adapter à la vie en société.

>> FICHES 15, 16 ET 17

- Les comportements des individus ne sont pas naturels, mais sont le résultat d'un processus constant de **socialisation** qui intervient tout au long de la vie. À travers elle, l'individu intériorise des manières de penser, des goûts, et incorpore des manières d'être et de se comporter. La socialisation permet aussi l'adhésion à des règles et comportements communs et en cela favorise l'intégration sociale de l'individu.

- La **socialisation primaire** d'un individu se déroule durant l'enfance et l'adolescence. Elle consiste dans l'apprentissage des **normes** sociales et des **valeurs** du ou des groupes sociaux auxquels il appartient. La **socialisation secondaire** se prolonge ensuite tout au long de la vie.

- Le processus d'apprentissage des normes se déroule à travers deux mécanismes : l'**inculcation** et l'**imprégnation**. La première prend la forme d'une transmission explicite des normes sociales qui peut conduire à des sanctions positives ou négatives. La seconde est implicite et souvent inconsciente, passant notamment par l'imitation et l'interaction.

- Plusieurs **instances** contribuent à la socialisation des enfants et des jeunes : la **famille** qui intervient dès le plus jeune âge, l'**école**, les **groupes des pairs** et les **médias** (réseaux sociaux notamment). Ces instances peuvent se compléter et se renforcer ou au contraire transmettre des normes contradictoires.

2 La socialisation varie selon le milieu social et les instances de socialisation.

>> FICHE 18

- Le processus de socialisation diffère selon le milieu social et les groupes sociaux, chacun étant porteur d'un système de normes et de valeurs particulières, ce qu'on appelle la **socialisation différentielle**.

- En effet, on observe que la socialisation familiale varie fortement d'un **milieu social** à un autre. Les pratiques de loisirs, les pratiques culturelles, le rapport au corps ou au langage peuvent ainsi différer fortement selon les catégories sociales. Cela peut avoir un impact sur les trajectoires scolaires qui dépendent aussi de ce qui est transmis par la famille (goût de la lecture, langage plus riche…) au-delà des connaissances données par l'école.

3 La socialisation varie selon le genre.

>> FICHE 19

- La socialisation contribue également à l'apprentissage des rôles sociaux, c'est-à-dire des règles de comportement attendues d'un individu en fonction de sa position sociale ou de ses caractéristiques sociales. À cet égard, le rôle attribué à chacun en fonction de son sexe biologique induit une **socialisation genrée** des filles et des garçons avec des attentes différenciées pesant sur chacun.

- À leur manière, famille, école, groupe des pairs ou médias contribuent à fabriquer cette socialisation genrée. En ce sens, le terme de « **genre** » est préféré par les sociologues pour désigner la différence sexuée car il montre bien mieux combien l'identité liée au sexe relève d'une construction sociale.

- Les **stéréotypes de genre** induisent que certaines aptitudes ou certains traits de personnalité sont spécifiques aux garçons d'une part, aux filles d'autre part et seraient présents dès la naissance, alors qu'ils sont transmis par la socialisation qui conduit à intérioriser des représentations de chaque genre qui perdurent dans le temps.

L'essentiel en audio
flashbelin.fr/ses2c-58

NE PAS CONFONDRE

Normes et valeurs

Les **valeurs** rassemblent les idéaux auxquels les membres d'une société adhèrent, c'est-à-dire ce qui est estimable et désirable aux yeux de tous. Les valeurs se manifestent concrètement dans les manières de penser et d'agir des individus ; elles ont été intériorisées pas la socialisation. Les valeurs engendrent des **normes sociales**, à savoir des règles de comportement socialement acceptées dont le non-respect peut induire des sanctions (formelles ou informelles). Ainsi la valeur de l'honnêteté se traduit dans les normes « ne pas voler » ou « dire la vérité ».

La socialisation par inculcation et par imprégnation

La **socialisation par inculcation** prend la forme d'une transmission explicite des normes sociales et peut reposer sur des sanctions positives (encouragements) ou négatives (punition, réprobation). La **socialisation par imprégnation** est implicite et souvent inconsciente, passant notamment par l'imitation et l'interaction.

MOTS-CLÉS

- Socialisation primaire
- Norme
- Valeur
- Instances de socialisation
- Socialisation différentielle

Voir >> LEXIQUE – p. 93

Révisez aussi les mots-clés avec les flashcards à découper !
>> CAHIER JEU

QUIZ INTERACTIF
Je fais le bilan
flashbelin.fr/ses2c-58

QUIZ INTERACTIF
Vrai ou faux ?
flashbelin.fr/ses2c-59

FICHE 20 Quelles sont les spécificités du pouvoir politique ?

OBJECTIF >> Connaître les spécificités du pouvoir politique.

1 Qui exerce le pouvoir ?

1. Emmanuel Macron lance le Grand Débat National devant des maires normands, à Grand Bourgtheroulde, le 15 janvier 2019.

2. Un chef cuisinier donne des consignes à son équipe.

3. Martine Aubry, maire de Lille, en Conseil municipal, le 3 juillet 2020.

1 **Pour chaque photographie, indiquez qui détient le pouvoir et sur qui il s'exerce.**

1. l'homme blanc parle tandis que les autres écoute.
2. il donne des consignes et les autres écoutent
3. le pouvoir politique.

2 **Entourez les photographies qui illustrent le pouvoir politique. Quelles différences voyez-vous entre ces formes de pouvoir politique ?**

À SAVOIR

Robert Dahl, politiste américain, définit le **pouvoir** comme une relation asymétrique entre deux individus qui n'ont pas les mêmes ressources ou les mêmes capacités. « Le pouvoir d'une personne A sur une personne B, c'est la capacité de A d'obtenir que B fasse quelque chose qu'elle n'aurait pas fait sans l'intervention de A. »

2 Les spécificités du pouvoir politique

Pour Max Weber, le pouvoir est politique s'il s'exerce sur un territoire déterminé et s'il est en mesure de faire appliquer ses décisions par le recours ou la menace du recours à la contrainte physique. Le pouvoir est donc lié à la coercition, mais il suppose aussi une légitimité. Plus généralement, le pouvoir politique est celui qui s'exerce dans la gestion des affaires de la Cité. Le chef de tribu, le chef d'État ou de gouvernement, le maire d'une commune exercent un pouvoir politique alors que le pouvoir qui s'exerce au sein d'une famille ou au sein d'une association de pêcheurs à la ligne n'est pas politique. Cependant, il y a un accord pour considérer que tout pouvoir n'est pas politique et que tout pouvoir politique n'est pas étatique, la frontière de ce qui est politique et de ce qui ne l'est pas est difficile à tracer.

C. Dollo, J.-R. Lambert, S. Parayre, *Lexique de sociologie*, Dalloz, 2020.

1 **Soulignez la définition du pouvoir politique que donne Max Weber.**

2 **Par quels moyens le détenteur du pouvoir politique, notamment l'État, peut-il contraindre les citoyens à respecter les règles qu'il fixe ?**

En appliquant des sanctions si les règles ne sont pas respectées.

3 **Pourquoi le pouvoir au sein d'une famille ou d'une association n'est-il pas politique ?**

Il n'est pas politique car ce n'est pas une constitution à but politique et c'est non lucratif. Il doit s'exercer sur un territoire

4 **Parmi les propositions suivantes, entourez les personnes qui exercent un pouvoir politique.**

a. président de région ; **b.** chef d'entreprise ; **c.** député ; **d.** directeur de cabinet d'un ministre ; **e.** coach sportif ; **f.** militant associatif.

3 Qu'est-ce qui légitime le pouvoir politique ?

Les formes de légitimité selon Max Weber

L'autorité traditionnelle	L'autorité charismatique	L'autorité rationnelle légale
Elle est fondée le caractère sacré des traditions, et sur la coutume (pouvoir patriarcal).	Elle est fondée sur les qualités exceptionnelles attribuées à un individu (vertu héroïque, force de conviction…).	Elle est fondée sur la croyance en la légitimité des règles de droit. Le pouvoir est lié à la fonction et non à la personne.
→ Le roi de France disposait d'un pouvoir de droit divin. 	→ Le général de Gaulle est de nouveau porté au pouvoir en 1958 grâce à son statut d'ancien résistant. 	→ Le président de la République tire son pouvoir de l'élection. 

À SAVOIR

Max Weber (1864-1920) est un sociologue allemand. Il a analysé les fondements de la domination et de la légitimité, en lien avec le processus de rationalisation qui participe au développement de la bureaucratie et du capitalisme occidental.

1 **Expliquez sur quoi est fondée la légitimité dans chacune des catégories d'autorité présentées par Max Weber. Quel type d'autorité justifie le fait que vous respectiez les lois qui sont votées ?**

l'autorité traditionelle est fondée sur le caractère sacré des traditions. l'autorité charismatique est fondée sur les qualités exceptionnelles attribuées un individu. l'autorité rationelle légal est fondée sur la croyance en la légitimité

2 **Un pouvoir dictatorial peut-il être légitime ?**

Non

4 Peut-on avoir un pouvoir politique sans être élu ?

L'influence des lobbies au Parlement
flashbelin.fr/ses2c-60

En France, le lobbying est fréquemment stigmatisé comme nuisant à l'intérêt général. […] Pour 79 % des Français, les responsables politiques seraient trop influencés par ces « représentants d'intérêts ». […] Les décideurs publics ont une vision plutôt positive de la pratique du lobbying. […] Le lobbying correspond à « toute communication directe ou indirecte avec des responsables publics afin d'influencer la décision publique en fonction d'intérêts particuliers ». Le lobbying recouvre le démarchage politique qui peut prendre diverses formes : rencontrer des responsables politiques, fournir des expertises aux ministères, participer à des auditions ou des comités d'experts, créer des coalitions de groupes plus influents, etc. […]
Dans nos sociétés contemporaines, la quasi-totalité des décisions publiques fait suite à des interactions avec diverses parties prenantes. Une étude publiée en octobre 2019 met en évidence que 90 % des agents publics souhaitent s'appuyer sur des experts pour prendre leurs décisions. […] Limiter le lobbying reviendrait à limiter l'accès à ces sources d'expertises.

François Nicolle, « Comment limiter le pouvoir du lobbying auprès des politiques ? », *The Conversation France*, 7 novembre 2019.

1 **En quoi consiste le lobbying ?**

C'est un groupe de pression qui va chercher à influencer les personnes qui décident pour servir leurs intérêts.

2 **En quoi l'influence des lobbies est-elle à la fois nécessaire et ambiguë selon le texte et la vidéo ?**

3 **Quelle différence peut-on faire entre l'influence politique des lobbyistes et le pouvoir politique ?**

FAIRE LE POINT

Vrai ou faux ?

1. Il faut remporter une élection pour avoir du pouvoir politique. Faux
2. Les maires exercent un pouvoir politique. Vrai
3. Tous les citoyens exercent un pouvoir politique. Faux
4. Le pouvoir politique repose sur la capacité de contraindre les citoyens. Vrai

FICHE 21

Comment s'organise la séparation des pouvoirs entre les différentes institutions ?

OBJECTIF >> Connaître le principe de la séparation des pouvoirs et les principales institutions politiques de la Ve République.

1 Pourquoi et comment séparer les pouvoirs ?

La séparation des pouvoirs
flashbelin.fr/ses2c-61

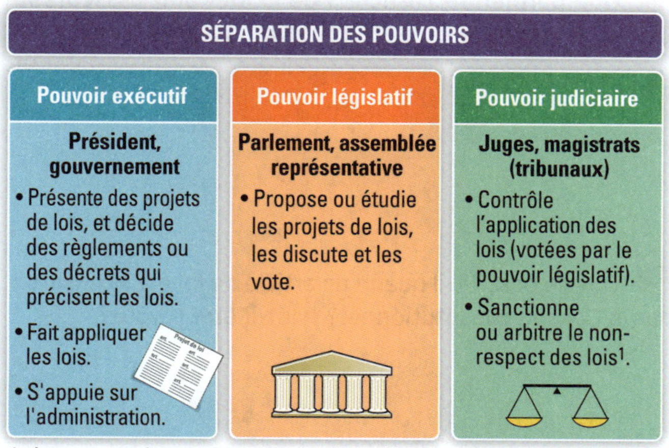

1. Juge ceux qui ne respectent pas les lois (justice pénale), arbitre les différends entre citoyens (justice civile).

1 Quels sont les trois principaux pouvoirs ? Selon la vidéo, quelles sont les autres sources de pouvoir ?

....

....

....

2 À l'aide de la vidéo, expliquez pourquoi il est important que tous les pouvoirs ne soient pas possédés par une seule personne.

....

....

3 Quel pouvoir est chargé des actions suivantes ?

1. Voter une loi qui instaure l'existence d'une vitesse maximale autorisée sur la route. ....
2. Condamner quelqu'un pour excès de vitesse. ....
3. Adopter un décret qui modifie la vitesse maximale autorisée sur autoroute. ....

2 Institution et séparation des pouvoirs en France

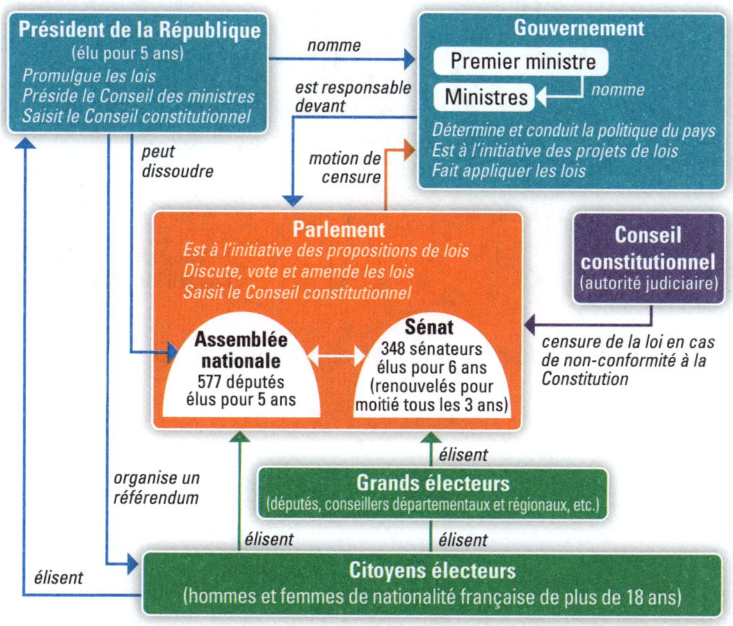

1 Entourez en rouge les institutions qui relèvent du pouvoir exécutif ; en bleu celles qui relèvent du pouvoir législatif ; en vert celle qui relève du pouvoir judiciaire.

2 Présentez la composition du Parlement et la manière dont sont élues les deux chambres.

....

....

....

3 Expliquez comment le pouvoir exécutif peut agir sur le pouvoir législatif et réciproquement.

....

....

....

....

4 À l'aide du schéma, indiquez si les propositions suivantes sont vraies ou fausses.

1. Le gouvernement est élu. Fausses : il est nommé par le président
2. Le gouvernement fait des projets de loi et les parlementaires des propositions de loi. Vrai
3. Le Parlement peut amender les lois qu'il vote. Vrai
4. Le Parlement peut décider d'un référendum. Fausse

3 Le Conseil constitutionnel limite le pouvoir exécutif

L'article 3 de la loi visant à renforcer et garantir le maintien de l'ordre public lors des manifestations a été censuré jeudi 4 avril par le Conseil constitutionnel. La possibilité donnée au préfet d'interdire à une personne de manifester sur la voie publique n'est pas formellement remise en cause; en revanche, les sages ont considéré que le texte leur laissait une trop grande marge de manœuvre, en violation du principe de la libre communication publique des idées et des opinions garanti par la Déclaration des droits de l'homme et du citoyen de 1789. Le Conseil constitutionnel avait été saisi sur ce texte par plus de soixante députés et sénateurs, qui l'estimaient « liberticide ». Fait rare: le président de la République lui-même avait saisi les sages [...]. La mesure [n'est pas] censurée définitivement [...] car elle ne remet pas en cause le principe de l'interdiction administrative de manifester, mais les modalités d'interdiction – beaucoup trop larges – que le texte prévoyait. La mesure pourrait donc fort bien réapparaître sous une autre mouture et une rédaction plus précise, au cours d'un prochain débat parlementaire.

Nicolas Bastuck, « Loi anti-casseurs: la décision du Conseil constitutionnel en 6 questions », *Le Point*, 5 avril 2019.

À SAVOIR

Le Conseil constitutionnel a pour rôle de veiller au respect de la Constitution. Les membres du Conseil Constitutionnel sont nommés par le président de la République, les présidents de l'Assemblée nationale et du Sénat. Leur indépendance est garantie par le fait que leur mandat est unique et n'est pas révocable.

1 Que permettait l'article 3 de la loi « anti-casseurs » ? Que lui reproche le Conseil constitutionnel ?

....

....

....

....

2 Que se passe-t-il quand un article de loi est « censuré » par le Conseil constitutionnel ? Peut-il être revoté ?

....

....

....

4 Le parcours de la loi sur l'état d'urgence sanitaire : à la croisée des pouvoirs

1 Sur le schéma, entourez en rouge les moments où intervient le pouvoir exécutif; en bleu les moments où intervient le pouvoir législatif; en vert le moment où intervient le pouvoir judiciaire.

18 mars 2020	19 mars 2020	21 mars 2020	23 mars 2020	24 mars 2020	9 mai 2020	11 mai 2020
Une loi d'urgence pour faire face à l'épidémie de Covid-19 est présentée par le Premier ministre au Conseil des ministres.	Le Sénat examine, modifie et adopte la loi.	L'Assemblée nationale examine, modifie et adopte la loi pour une période de deux mois.	La loi est promulguée par le président de la République (un décret précise les motifs de sortie et les commerces autorisés à ouvrir).	La loi est publiée au Journal officiel.	Le Sénat et l'Assemblée nationale adoptent le prolongement de l'état d'urgence sanitaire.	Le Conseil constitutionnel, saisi le 9 mai, déclare la prolongation d'un état d'urgence sanitaire conforme à la Constitution.
Initiative de la loi	**Examen de la loi** (et navette parlementaire)		**Promulgation**			**Validation par le Conseil constitutionnel**

2 Montrez comment les différentes institutions interagissent au cours du processus d'élaboration de la loi.

....

....

....

FAIRE LE POINT

Complétez le texte à l'aide des termes suivants : a. judiciaire; **b.** législatif; **c.** exécutif; **d.** séparation des pouvoirs; **e.** gouvernement; **f.** Sénat; **g.** Parlement; **h.** Assemblée nationale.

Les régimes démocratiques reposent sur une .... Le pouvoir .... consiste à voter les lois. Il est assuré en France par le ...., composé de deux chambres (..................... et le ....). Le pouvoir .... consiste à mettre en place et contrôler les modalités d'application des lois. Sous la Ve République, le pouvoir exécutif appartient au président de la République et au .... Enfin, le pouvoir .... contrôle le respect de la loi.

FICHE 22 Comment les modes de scrutin influencent-ils la représentation politique ?

OBJECTIF >> Comprendre comment les modes de scrutin (proportionnel, majoritaire) déterminent la représentation politique et structurent la vie politique.

1 Le mode de scrutin peut-il modifier le résultat de l'élection ?

Comparer les caractéristiques de chaque mode de scrutin
flashbelin.fr/ses2c-63

Et si on élisait le président de la République autrement ? Dans le monde intellectuel, certains chercheurs soulignent les défauts du scrutin uninominal à deux tours adopté par voie référendaire en 1962. Et planchent sur des alternatives. Pourquoi l'électeur ne pourrait-il pas donner son avis sur plusieurs candidats ? Et si le second tour était ouvert aux trois ou quatre meilleurs ? Faut-il vraiment deux tours, d'ailleurs ? [...] « On peut aussi utiliser le classement par "intensité de préférence" : par exemple, l'électeur peut donner deux points à Hamon et un seul à Mélenchon pour signifier qu'il aime deux fois plus le premier », explique Antoinette Baujard, maître de conférences en sciences économiques à l'université Jean-Monnet de Saint-Étienne. Le gagnant est celui qui obtient le plus de points.

Marion Rousset, « Présidentielle : un autre mode de scrutin est-il possible ? », *Le Monde*, 6 mai 2017.

1 **À l'aide du texte, expliquez ce qui distingue le scrutin « par intensité de préférence » du mode de scrutin actuel utilisé pour la présidentielle. Quel type de candidat cela favoriserait-il selon vous ?**

....

....

....

2 **Présentez les cinq modes de scrutin utilisés dans la vidéo.**

....

....

....

3 **Dans la vidéo, pourquoi Albert et Max ne sont-ils pas favorisés par le même mode de scrutin ?**

....

....

2 Avantages et inconvénients des différents modes de scrutin

Les scrutins majoritaires
Ils constituent le mode le plus ancien de désignation des élus. Il s'agit d'attribuer un (scrutin uninominal) ou plusieurs sièges (scrutin plurinominal) à celui ou ceux qui ont obtenu le plus de voix.
Dans le scrutin uninominal à un tour (ex : en Grande-Bretagne), celui qui obtient le plus de voix emporte le siège. Cela a l'avantage de la simplicité. Au plan global, il en résulte souvent pour le parti arrivé en deuxième position une sous-représentation par rapport à son total de voix. Quant aux autres partis, ils n'obtiennent presque aucun élu. [...]
Dans le scrutin uninominal à deux tours (ex : en France), [...] par rapport au scrutin à un tour, les petits partis peuvent s'entendre avec d'autres pour obtenir des élus là où ils sont forts, en échange d'un report de voix ailleurs.

Les scrutins proportionnels
Le mode de scrutin proportionnel est simple dans son principe – les sièges sont attribués selon le nombre de voix – mais complexe dans sa mise en œuvre. Il s'est développé avec le rôle des partis politiques : il s'agit moins de voter pour un homme que pour un parti ou un programme.

« Les différents modes de scrutin et leurs effets », *www.vie-publique.fr*, dernière modification le 16 mai 2019.

À SAVOIR
Un **suffrage** est **indirect** si les élus sont désignés par un corps intermédiaire, à l'instar des « grands électeurs » (qui ont eux-mêmes été élus) qui élisent les sénateurs. Lors d'un **suffrage direct**, les élus sont désignés directement par l'ensemble du corps électoral.

1 **Expliquez ce que sont le scrutin majoritaire et le scrutin proportionnel.**

....

....

....

2 **À partir de vos recherches, déterminez pour chaque élection si elle repose sur un scrutin majoritaire ou proportionnel. S'agit-il de scrutins directs ou indirects ?** RECHERCHE INTERNET

Fonction	Président de la République	Députés	Députés européens
Type de scrutin	....	....	....

....

3 Comment le mode de scrutin permet-il de passer des voix aux sièges ?

À Vieilleville, 1 000 habitants ont le droit de vote et il faut voter pour cinq élus pour diriger le territoire. Le scrutin peut être soit proportionnel (le pourcentage d'élus correspond au pourcentage de voix), soit majoritaire. Dans ce cas, le territoire est divisé en cinq circonscriptions comprenant chacune 200 électeurs. Dans chaque circonscription, le parti qui arrive en tête obtient un élu. Les votes se répartissent de la façon suivante :

Circonscription	Nombre de votants pour la liste A (« Vieilleville aux Vieillevillois »)	Nombre de votants pour la liste B (« Ensemble pour Vieilleville »)	Nombre de votants pour la liste C (« Du neuf pour Vieilleville »)	Nombre total de votants
Vieilleville-le-Neuf	50	50	100	**200**
Hauts de Vieilleville	60	40	100	**200**
Vieilleville-bourg	20	60	120	**200**
Cœur de Vieilleville	60	110	30	**200**
Vieilleville-sur-fleuve	10	140	50	**200**
Total	**200**	**400**	**400**	**1 000**

1 **À partir des résultats totaux de chaque parti, déduisez le nombre d'élus obtenu par chaque parti si le scrutin est proportionnel. Comparez ces résultats avec ce qui se passe si le mode de scrutin est majoritaire. Que constatez-vous ?**

....

....

2 **Selon vous, quel est le principal avantage de chacun de ces deux modes de scrutin ?**

....

4 Les élections législatives, un scrutin majoritaire

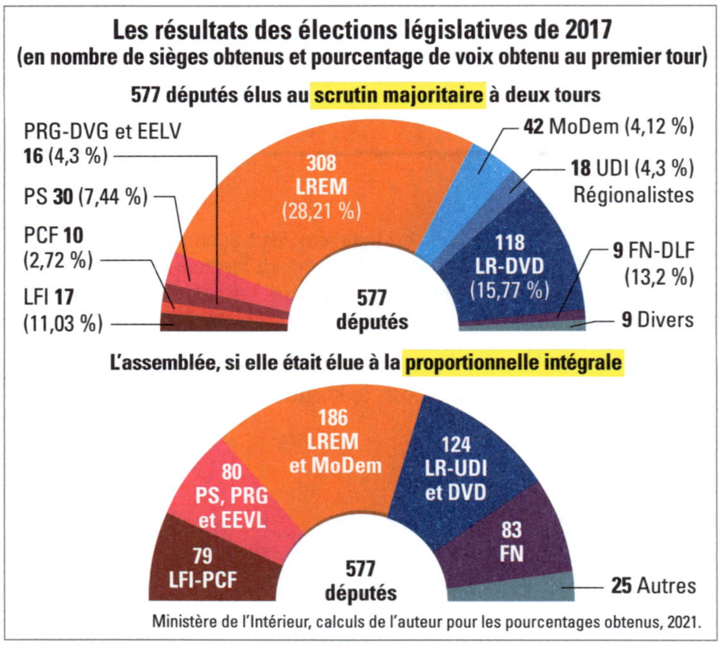

Ministère de l'Intérieur, calculs de l'auteur pour les pourcentages obtenus, 2021.

1 **Calculez la part des sièges obtenus par LFI, LREM, LR et le FN puis comparez au pourcentage des voix qu'ils ont obtenu. Que constatez-vous ?**

....

....

....

....

2 **Quel aurait été le nombre de députés la République en marche et MoDem élus si le mode de scrutin proportionnel avait été choisi ? Comment la République en marche pourrait-elle, dans ces conditions, obtenir la majorité des voix pour voter les lois ?**

....

....

....

FAIRE LE POINT

Dans chaque phrase, entourez le terme adapté parmi les deux propositions.

1. Chaque élection est caractérisée par un mode de scrutin qui précise comment passer des **voix / élus** au résultat de l'élection.
2. Le scrutin **proportionnel / majoritaire** donne la victoire (et le ou les sièges en jeu) à celui qui est arrivé en tête. Ce mode de scrutin favorise **la stabilité politique / la représentation de toutes les opinions**.
3. À l'opposé, le scrutin **proportionnel / majoritaire** fait correspondre le nombre de sièges et le pourcentage de voix obtenu. Il favorise **la stabilité politique / la représentation de toutes les opinions**.

FICHE 23

Quels sont les acteurs de la vie politique ?

OBJECTIF >> Comprendre que la vie politique repose sur la contribution de différents acteurs (partis politiques, société civile organisée, médias).

1 Quels sont les acteurs qui agissent pour l'environnement ?

1. Des militants du parti Europe Écologie-Les Verts en campagne pour les élections européennes de 2019.

2. La une du journal *Libération* le 8 septembre 2018.

3. Une marche pour le climat à Rennes, le 16 mars 2019.

1 **Qui sont les acteurs de la mobilisation contre le réchauffement climatique représentés sur ces images et quelles sont leurs modalités d'action ?**

....

....

....

....

2 **Présentez d'autres mouvements ou associations agissant sur les questions environnementales et leurs modalités d'action.**

....

....

....

2 Quel est le rôle des partis politiques ?

Le rôle des partis politiques
flashbelin.fr/ses2c-65

Mardi 16 juin 2020, le directeur de la santé (DGS), le professeur Jérôme Salomon, doit être la première personnalité administrative auditionnée par la commission d'enquête à l'Assemblée nationale sur la gestion de la crise sanitaire. Cette dernière [...] a pour mission d'analyser la gestion gouvernementale de l'épidémie sous tous ses aspects et d'en disséquer les éventuelles « défaillances ». [...] Une commission d'enquête ne peut être créée que sur initiative parlementaire. [...] Les commissions d'enquête sont composées d'un maximum de 30 députés pour l'Assemblée nationale et de 21 sénateurs pour le Sénat; [ainsi que] d'un rapporteur (issu d'un autre bord [qui] rédige le rapport). Les différents courants politiques sont représentés de manière proportionnelle à leur nombre d'élus [...]. La commission d'enquête dispose de pouvoirs d'investigation élargis par rapport à la mission d'information. Dans le cadre de ses investigations, elle peut convoquer une ou plusieurs personnes, notamment des ministres, afin de procéder à leur audition sous serment. [...] Ils peuvent également, s'ils en font la demande, se faire communiquer tout document ou renseignement de service qui peuvent servir leurs investigations [...].

« Comment fonctionne une commission d'enquête parlementaire, comme celle qui analysera la gestion de l'épidémie de Covid-19 ? », *Le Monde*, 16 juin 2020.

1 **Quels sont les grands rôles des partis politiques mis en avant par l'article et la vidéo ?**

....

....

....

....

2 **Qu'est-ce qu'une commission d'enquête parlementaire ? Quel rôle des partis politiques cela met-il en avant ?**

....

....

....

....

....

....

3 Quel est le rôle de la société civile organisée ?

Le leader français de la charcuterie Herta a suspendu « par précaution » son approvisionnement dans un élevage porcin de l'Allier dénoncé par l'association L214. L'association de défense des animaux a diffusé [...] une vidéo tournée dans cet élevage et annoncé le dépôt d'une plainte pour « mauvais traitements des animaux et tromperie du consommateur ». Les images, tournées « en juin et septembre » d'après l'association, montrent notamment un homme taper un porcelet – dont on ne voit pas s'il est déjà mort – contre une barre en métal. L214 estime le taux de mortalité particulièrement élevé dans cet élevage, évoquant « le ramassage de dizaines de porcelets morts ». « Herta a immédiatement diligenté un audit sur le bien-être animal dans cette exploitation », a indiqué l'entreprise, rappelant que, « parallèlement, les services publics ont procédé à un audit complet de la ferme ». Selon la préfecture de l'Allier, un « contrôle inopiné » de l'exploitation a été déclenché pour vérifier la conformité des installations et le respect de la réglementation en matière de protection animale [...]. La diffusion de la vidéo de L214 a aussi des répercussions au Royaume-Uni, où les supermarchés britanniques Waitrose ont annoncé avoir suspendu la vente des saucisses au porc Herta « dans l'attente d'une enquête ».

« Après une vidéo choc de L214, Herta suspend son approvisionnement dans un élevage de porcs de l'Allier », France 3 (source AFP), 4 décembre 2020.

À SAVOIR

La société civile organisée (l'ensemble des organisations distinctes du pouvoir et des partis politiques mais qui peuvent chercher à les influencer) peut avoir recours au lobbying pour défendre des intérêts particuliers ou une certaine vision de l'intérêt général. Elle agit alors comme des **groupes d'intérêt**. On distingue le **lobbying interne**, qui s'adresse directement aux décideurs en utilisant les liens que l'on a pu établir avec eux et le **lobbying externe**, qui cherche à exercer une pression extérieure sur les pouvoirs publics, en passant notamment par la mobilisation de l'opinion publique.

1 **Par quels moyens les membres de l'association L214 cherchent-ils à défendre leur cause ? S'agit-il de lobbying interne ou externe ?**

....

....

....

....

2 **Quel impact l'action de cette association a-t-elle eu sur les pouvoirs publics et l'entreprise ?**

....

....

....

4 Quel est le rôle des médias ?

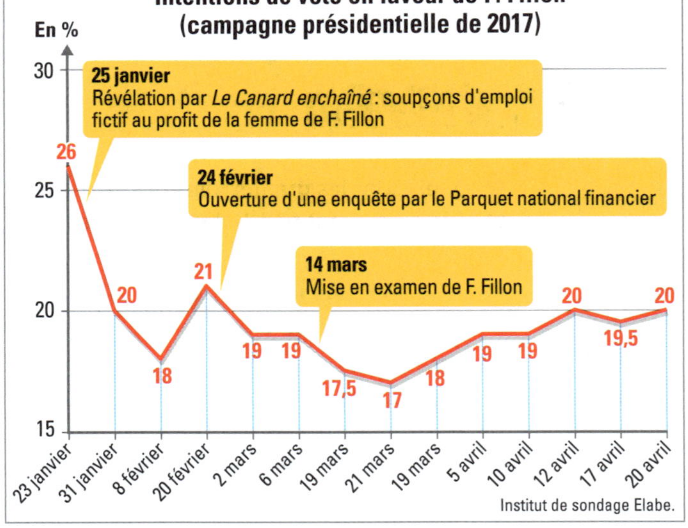

Intentions de vote en faveur de F. Fillon (campagne présidentielle de 2017)

À SAVOIR

L'influence des médias sur les électeurs passe par la **mise à l'agenda** d'un problème public (parler d'un problème peut amener les électeurs à le considérer comme important) mais aussi par l'effet de **cadrage** (modifier le regard porté sur un sujet ou une personnalité). Les médias ont aussi un rôle de **contre-pouvoir**. Le **journalisme d'investigation** permet de porter à la connaissance du public et de la justice d'éventuels délits.

1 **Montrez que le traitement médiatique de la campagne de François Fillon a affecté son image et les intentions de vote. S'agit-il plutôt d'un effet de cadrage ou de mise à l'agenda ?**

....

....

....

....

....

FAIRE LE POINT

Complétez le tableau à l'aide des propositions suivantes : **a.** Amnesty International ; **b.** les Républicains ; **c.** *Le Canard Enchaîné* ; **d.** exerce un effet de cadrage ; **e.** cherche à conquérir le pouvoir ; **f.** cherche à influencer le pouvoir ; **g.** peut faire du lobbying ; **h.** peut avoir un rôle de contre-pouvoir.

Partis politiques	Société civile organisée	Médias
....	....	....

SUR LE TERRAIN Comprendre comment un phénomène de société devient politique

SAVOIRS >> partis politiques, société civile organisée, médias **SAVOIR-FAIRE >>** recherche Internet, réaliser un diaporama

VOTRE MISSION

Analysez comment le sujet de la précarité menstruelle (ou le sujet de votre choix) est devenu un sujet politique.

Vous étudierez les différentes étapes qui vont de la prise de conscience du phénomène à la mobilisation des acteurs de la société civile (collectifs, associations...). Puis, vous étudierez les mécanismes qui permettent d'inscrire cette question à l'agenda politique, jusqu'à la loi. Enfin, vous présenterez votre analyse à l'aide d'un diaporama.

Combien coûtent les règles dans la vie d'une femme ? flashbelin.fr/ses2c-67

ÉTAPE 1 Présenter la mobilisation de la société civile

RECHERCHE INTERNET

1 Quel est l'objectif de cette campagne de sensibilisation ? Qui en est l'initiateur ? Citez d'autres associations ou comités qui ont contribué à sensibiliser le public sur cette question de la précarité menstruelle.

2 Quand cette question a-t-elle commencé à faire l'objet d'une mobilisation ? Existe-t-il un événement déclencheur ? Une influence des mobilisations à l'étranger ?

3 Quels sont les moyens de mobilisation des différents acteurs ? Qui sont les figures médiatiques qui ont relayé la question ?

ÉTAPE 2 Étudier le passage de la mobilisation à la loi

RECHERCHE INTERNET

1 Que cherche à mettre en évidence cette affiche ?

....

....

....

....

....

2 À l'aide de la vidéo, indiquez ce que dit cet entretien sur les modalités et le contenu de la communication gouvernementale.

....

....

....

....

....

....

....

Emmanuel Macron s'adresse aux jeunes : la précarité menstruelle
flashbelin.fr/ses2c-68

À SAVOIR

La notion de **mise à l'agenda** renvoie au passage d'un problème du domaine de la nature ou du privé au domaine public. Elle désigne, selon le politiste Philippe Garraud, « l'ensemble des problèmes faisant l'objet d'un traitement, sous quelque forme que ce soit, de la part des autorités publiques et donc susceptibles de faire l'objet d'une ou plusieurs décisions ».

3 Quelles sont les étapes qui ont permis la mise à l'agenda par le pouvoir exécutif ou le pouvoir législatif ?

....

....

....

....

....

4 Quelles ont été les modalités d'application (lois, décrets, décisions décentralisées...) ?

....

....

....

....

ÉTAPE 3 Synthétiser les informations dans un diaporama

1 Présentez dans un diaporama les principales étapes de la mobilisation autour de la question de la précarité menstruelle (ou du sujet de société que vous avez choisi d'étudier). Notez les éléments-clés que vous allez utiliser lors de votre présentation.

L'origine de la prise de conscience	La mobilisation des différents acteurs et leurs moyens d'action	Le relais des médias et des femmes et hommes politiques	L'adoption / l'évolution de la loi
....	....	....	....
....	....	....	....
....	....	....	....
....	....	....	....

Complétez le schéma avec les termes suivants : **a.** exécutif ; **b.** législatif ; **c.** judiciaire ; **d.** modes de scrutin ; **e.** majoritaire ; **f.** société civile organisée ; **g.** proportionnel.

COMMENT S'ORGANISE LA VIE POLITIQUE ?

La *démocratie* repose sur :

QUOI ?

L'État de droit

Les institutions publiques sont soumises au droit

Institutions locales

- ☑ Communes
- ☑ Départements
- ☑ Régions

➡ Responsabilité
➡ Budget propre

Institutions nationales

La séparation des pouvoirs

→ Les 3 pouvoirs ne sont pas exercés par une même institution
→ Aucun pouvoir ne contrôle l'autre

* …………
Discute et vote les lois

appartient au :
Parlement :
- ☑ Sénat
- ☑ Assemblée nationale

* …………
- ☑ Promulgation des lois
- ☑ Décrets d'application

appartient au :
- ☑ Président de la République
- ☑ Gouvernement

* …………
Contrôle le respect de la loi

appartient aux :
- ☑ Différents tribunaux
- ☑ Différentes cours

COMMENT ?

En France il y a de nombreuses *élections*

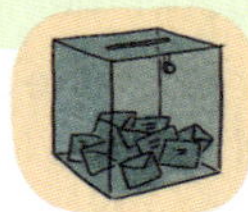

- ☑ Président de la République
- ☑ Élus locaux
- ☑ Députés
- ☑ Parlementaires européens
- ☑ Référendum pour certaines décisions

Différents …………

→ **Direct**
On vote directement pour quelqu'un
→ **Indirect**
On vote pour quelqu'un qui élit ensuite un représentant
Ex : les sénateurs sont élus par les élus locaux

→ …………
Celui qui a la majorité des voix obtient tous les sièges
→ …………
%
Les sièges sont attribués selon le nombre de voix
- Scrutin majoritaire favorise la stabilité
- Scrutin proportionnel favorise la représentativité

→ **Uninominal**
On vote pour une personne

→ **De liste**
On vote pour une liste

QUI ?

Les acteurs de la vie politique

Les partis politiques
→ structurent la vie politique

La …………
→ peut influencer les décisions politiques. Ex : lobby / association

Les médias et les réseaux sociaux
→ participent au cadrage des sujets

Comment s'organise la vie politique ?

L'essentiel en audio
flashbelin.fr/ses2c-70

1 Le pouvoir politique présente des spécificités.

>> FICHE 20

- Le **pouvoir politique** est la capacité de faire appliquer ses décisions sur un territoire donné. Il repose, même dans une démocratie, sur le droit de recourir à la force pour les faire appliquer.
- Selon Max Weber, la **légitimité** du pouvoir politique peut provenir de la tradition, du charisme de son détenteur ou de la croyance en la légitimité des règles de droit.
- Beaucoup d'acteurs peuvent exercer un pouvoir politique. Il peut s'agir d'élus, locaux ou nationaux, de rois, de dictateurs...

2 La séparation des pouvoirs structure l'organisation du pouvoir politique démocratique.

>> FICHE 21

- On distingue généralement trois dimensions du pouvoir politique : le **pouvoir exécutif** (qui fait appliquer les lois et précise à qui elles s'appliquent), **législatif** (qui discute et vote les lois) et **judiciaire** (qui contrôle l'application de la loi). En France, sous la **Ve République**, le pouvoir exécutif appartient au président de la République et au gouvernement ; et le pouvoir législatif à l'Assemblée nationale et au Sénat.
- La démocratie repose sur la **séparation des pouvoirs**. Afin de prévenir les abus, les trois pouvoirs ne peuvent être exercés par une même institution et aucun pouvoir ne peut être totalement contrôlé par un autre.
- En France, comme dans de nombreux pays, les pouvoirs exécutifs et législatifs ne sont pas totalement séparés. Le président de la République peut ainsi dissoudre l'Assemblée nationale et convoquer de nouvelles élections, mais l'Assemblée peut aussi renverser le gouvernement (motion de censure).
- Le pouvoir judiciaire doit aussi être indépendant. L'indépendance du Conseil constitutionnel, qui garantit le respect par le pouvoir de la **Constitution**, est liée au fait que ses membres ne peuvent être renvoyés.

3 Les modes de scrutin influencent la représentation politique.

>> FICHE 22

- Chaque élection a son **mode de scrutin**. Il précise comment on passe des voix au résultat. Son choix est important, changer de mode de scrutin peut parfois changer le résultat d'une élection.
- Le choix entre **scrutin majoritaire** ou **proportionnel** est central. Le scrutin majoritaire donne la victoire à celui qui a eu le plus de voix. Il favorise la stabilité politique, mais limite la représentativité des élus au détriment de certaines formations politiques. Le **scrutin proportionnel** a les propriétés inverses. Le pourcentage d'élus dépend dans ce cas du pourcentage de voix.

4 Les acteurs de la vie politique sont nombreux.

>> FICHE 23

- Les **partis politiques** permettent de structurer la vie politique. Ils ont un rôle dans la formation des hommes et femmes politiques, se mobilisent à l'occasion des campagnes électorales et font vivre en leur sein un débat d'idées.
- La **société civile organisée** peut influencer les décisions politiques. Le travail de **lobbying** et la mobilisation d'associations peuvent amener les responsables politiques à traiter certains sujets **mis à l'agenda**.
- Les **médias** structurent aussi le débat politique. Ils ont un rôle dans la définition des événements qui méritent l'attention et peuvent avoir une influence sur l'angle sous lequel est perçue une personnalité ou une décision.

NE PAS CONFONDRE

Le pouvoir exécutif et le pouvoir judiciaire

Le **pouvoir exécutif** et le **pouvoir judiciaire** n'ont pas le même rôle dans l'application de la loi. Le pouvoir exécutif permet à la loi d'exister. Une loi votée par les parlementaires est ainsi signée par le pouvoir exécutif (on parle de promulgation) et publiée au Journal officiel. Le gouvernement prend aussi des décrets d'application qui précisent comment la loi s'appliquera. Ensuite, une fois la loi entrée en vigueur, c'est le pouvoir judiciaire qui en contrôle le respect.

Scrutin proportionnel et scrutin majoritaire

Dans un mode de **scrutin proportionnel**, les sièges sont attribués selon le nombre de voix, tandis que dans un **scrutin majoritaire**, celui qui obtient la majorité des voix remporte l'élection. Le scrutin majoritaire favorise la constitution de majorités au prix de la sous-représentation d'une partie de l'électorat. Les députés français sont ainsi élus au scrutin majoritaire (chaque député est arrivé en tête dans sa circonscription).

MOTS-CLÉS

- Pouvoir politique
- Pouvoir exécutif
- Pouvoir législatif
- Pouvoir judiciaire
- Mode de scrutin
- Scrutin majoritaire
- Scrutin proportionnel

Voir >> LEXIQUE – p. 93

Révisez aussi les mots-clés avec les flashcards à découper !
>> CAHIER JEU

QUIZ INTERACTIF
Je fais le bilan
flashbelin.fr/ses2c-70

QUIZ INTERACTIF
Vrai ou faux ?
flashbelin.fr/ses2c-71

FICHE 24

En quoi la poursuite d'études est-elle un investissement en capital humain ?

OBJECTIF >> Comprendre que la poursuite d'études est un investissement en capital humain qui accroît la productivité et les capabilités.

1 Le coût des études supérieures

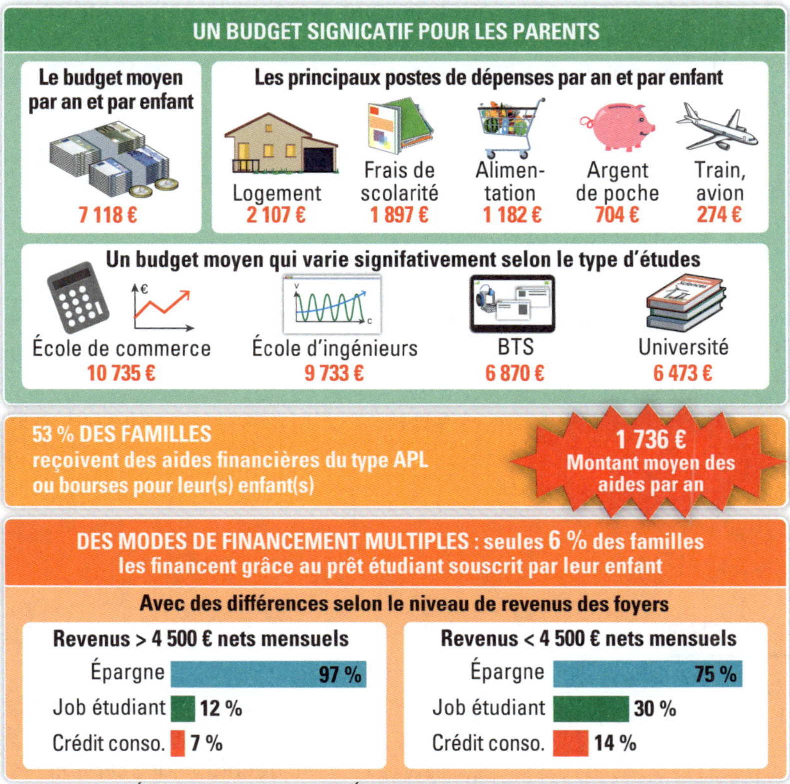

Étude Cofidis, CSA Research, « Études supérieures : budget, financement et bons plans », 2018.

1 Présentez les moyens mobilisés par les familles pour financer les études de leurs enfants. Quelles contraintes pèsent sur les étudiants de milieux plus modestes ?

....

....

....

....

2 En quoi la poursuite d'études supérieures correspond à un investissement ? En quoi induit-elle un coût d'opportunité ?

....

....

....

....

....

....

....

....

2 Tous les diplômes permettent-ils une rémunération équivalente ?

Diplôme	Salaire annuel moyen (toutes expériences confondues)	Sur une carrière (41,5 ans)	Écart salarial par rapport à un Bac+2 (sur une carrière)
Bac+2	31 718 €	1 316 312 €	–
Bac+3	32 811 €	1 361 657 €	45 345 €
Bac+4	40 049 €	1 662 045 €	345 733 €
Bac+5	46 050 €	1 911 093 €	....
École de commerce	46 814 €	1 942 781 €	626 458 €
École d'ingénieur	48 802 €	2 025 302 €	708 990 €

Calculs effectués à partir de 850 000 offres d'emplois référencées sur le site de recherche d'emploi Adzuna, 2019.

1 Comment a été calculé le chiffre en rouge ? Que mesure-t-il ?

....

....

....

....

2 Complétez la donnée manquante dans le tableau.

3 Sachant que la scolarité complète (3 ans) dans une école d'ingénieur coûte en moyenne 5 985 euros et 41 895 euros dans une école de commerce, calculez le rapport gain/frais de scolarité en école d'ingénieur et en école de commerce.

>> MÉTHODE 8 – p. 90

....

....

....

3 L'Indice du capital humain de la Banque mondiale

Qu'est-ce que l'indice du capital humain ? flashbelin.fr/ses2c-72

Une étude pilotée par l'Institute for Health Metrics and Evaluation (IHME) [...] mesure pour la première fois le capital humain de chaque pays et le compare à celui qu'il possédait en 1990. Le rapport conclut à une « corrélation entre les investissements en matière d'éducation et de santé et une meilleure croissance du PIB ». Ce nouvel indicateur combine « les compétences, les expériences et le savoir » d'une population avec son état de santé, pour en mesurer la contribution à la croissance économique. [...] La notion de capital humain, élaborée par les économistes américains Theodore Schultz et Gary Becker à partir des années 1950, a été largement utilisée dans le secteur des ressources humaines pour accroître la productivité des entreprises. [...] Appliquée aux États, elle est désormais considérée comme un indicateur de développement intéressant [...]. Les pays qui s'appuient sur une population bien formée et en bonne santé sont plus à même de conserver une économie dynamique dans les années à venir, qui pourra s'adapter aux changements de tendance. [...] Cette mesure, et la démonstration de sa corrélation avec la hausse du PIB, serait un moyen d'inciter les États à investir dans les services de santé et d'éducation.

Nelly Didelot, « Le "capital humain" comme moteur de la croissance », *Libération*, 25 septembre 2018.

À SAVOIR

La théorie du **capital humain** a été développée par **Gary Becker** en 1964. Le capital humain regroupe l'ensemble des éléments qui déterminent l'efficacité du travailleur, et donc de sa **productivité** : connaissances, aptitudes, compétences et savoir-faire acquis par l'individu par sa formation (initiale et continue) et par son expérience. On parle de « capital » car il peut s'accumuler à la suite d'investissements et favoriser de meilleures rémunérations et un meilleur accès à l'emploi.

1 **Quelle corrélation permet d'établir le nouvel indice du capital humain ? À l'aide de la vidéo, présentez les critères de construction de l'indicateur.**

....

....

....

....

2 **Quelle relation décrit la théorie du capital humain telle qu'elle a été présentée par Gary Becker ? En quoi est-ce pour lui un capital comme un autre ?**

....

....

....

4 Du capital humain aux capabilités

La théorie des capabilités humaines de [Amartya] Sen[1] valorise un élargissement de la compréhension du rôle de l'investissement dans le capital humain au-delà de ses retombées économiques. Sans en minimiser le rôle pour expliquer la croissance économique, Sen rappelle par exemple que l'impact de la scolarisation dépasse largement l'amélioration des facteurs de production. L'éducation améliore la capacité à communiquer, à argumenter, à faire des choix informés. Elle accroît la capacité et la liberté de l'individu à construire sa propre vie [...] qui est essentielle pour le développement de la démocratie et de la citoyenneté.

Nathalie Morel et Joakim Palme, « Fonder l'investissement social d'un point de vue normatif : l'apport de l'approche par les capabilités d'Amartya Sen », *Informations sociales*, 2016.

1. Amartya Sen est un économiste (prix Nobel 1998) et philosophe indien spécialiste de la pauvreté et du développement. Il a contribué à la création de l'IDH par l'ONU.

1 **Soulignez dans le texte l'élément qui correspond à la définition des capabilités.**

2 **Parmi les propositions suivantes, entourez en rouge celles qui illustrent la théorie du capital humain (Gary Becker) ; en bleu, celles qui illustrent la théorie des capabilités (Amartya Sen).**

a. le choix de poursuivre ses études dépend d'un calcul coût/avantage ;

b. améliorer la santé de la population par un meilleur niveau d'étude ;

c. réduire le risque de chômage et de pauvreté ; **d.** investir plus dans son éducation accroît la productivité individuelle ;

e. améliorer les capacités de communication et d'interaction sociale ; **f.** accroître le niveau de salaire par la poursuite d'études.

FAIRE LE POINT

Complétez le texte avec les termes suivants : **a.** capabilités ; **b.** coûts ; **c.** gains ; **d.** investissement ; **e.** liberté ; **f.** rémunération ; **g.** capital humain ; **h.** coût d'opportunité.

Le fait de poursuivre ses études pour un individu constitue un .... Ce choix engendre des .... (des coûts directs liés au financement des études et un ....) mais aussi des .... (une qualification plus spécifique permettant d'obtenir une .... plus élevée). C'est la théorie du .... Par ailleurs, l'éducation permet un accroissement des .... des individus, soit une plus grande .... de choisir la vie qu'ils souhaitent mener.

FICHE 25 Comment le niveau de qualification affecte-t-il l'insertion professionnelle ?

OBJECTIF >> Comprendre que la poursuite d'études et la qualification améliorent l'accès à l'emploi et réduisent le risque de chômage.

1 Comparer deux offres d'emploi

ANNONCE 1

Nous recrutons
UN(E) CHEF DE PRODUIT SPORTSWEAR FEMME (H/F)

LACOSTE

Votre mission : Rattaché(e) à la Head of Womenswear, vous serez en charge du développement d'une ligne de produits.
- Ainsi, vous préparerez la structure de collection avec les objectifs de prix / quantités en phase avec les attentes des marchés et le cadrage budgétaire.
- Vous gérerez le sourcing fournisseurs et la négociation des prix, délais et qualité des produits.
- Assisté(e) d'une équipe, vous serez responsable des ventes et des marges réalisées et serez amené(e) à suivre l'évolution et à analyser les résultats de votre secteur.

Contrat d'embauche : CDI

Profil requis : De formation supérieure (de type école de commerce généraliste ou spécialisée dans la mode), vous possédez une expérience réussie de 5 ans au minimum en tant qu'acheteur(se) / chef de produit au sein d'une entreprise de prêt-à-porter.

Doté(e) d'une véritable sensibilité produit et d'excellentes qualités relationnelles, vous maîtrisez parfaitement l'anglais et les outils informatiques.

Rémunération : 40 000 à 45 000 € bruts par an

ANNONCE 2

Nous recrutons
UN(E) EMPLOYÉ(E) COMMERCIAL(E) AU RAYON TEXTILE (H/F)

E.Leclerc

Votre mission : Vous serez en charge d'exécuter toutes les tâches nécessaires au rayon textile en respectant les consignes et en appliquant les procédures.
- Utiliser le matériel de manutention pour ranger/stocker et déplacer les marchandises.
- Réceptionner et vérifier la conformité des marchandises livrées selon les procédures en vigueur.
- Approvisionner le rayon, en respectant le facing du linéaire.
- Assurer la rotation des produits pour éviter les ruptures.
- Veiller à l'attractivité du rayon.
- Accueillir et informer le client sur les produits et choix des collections.

Contrat d'embauche : CDD

Profil requis :
- Être méthodique, avoir le sens de l'organisation.
- Avoir le sens du service au client.
- Avoir l'esprit d'équipe

Rémunération : 1 539 euros bruts mensuels

1 À l'aide du tableau, établissez ce qui différencie ces deux offres d'emploi.

	Offre d'emploi n° 1	Offre d'emploi n° 2
Critère n° 1 : Type de contrat proposé	....	....
Critère n° 2 : Profil recherché ⇒ qualification du travailleur	....	....
Critère n° 3 : Niveau de rémunération proposé	....	....

À SAVOIR

La **qualification** désigne à la fois l'ensemble des compétences, des connaissances et expériences professionnelles accumulées par le travailleur (**qualification du travailleur**) et celles nécessaires pour occuper un emploi (**qualification du poste**).

2 Ces annonces permettent-elles de confirmer les hypothèses de la théorie du capital humain ?

....

....

3 Comment expliquer les différences de qualification du salarié et d'expérience requises entre ces deux offres ?

....

....

2 L'insertion des jeunes sur le marché du travail

Situation des jeunes 3 ans après leur sortie du système éducatif

Plus haut niveau de diplôme obtenu par les jeunes sortis de formation initiale	Taux d'emploi (en %)	Taux de chômage (en %)	Part des jeunes en EDI[1] (en %)
Non-diplômés	40	49	34
Diplômés du secondaire (CAP, BEP, bac)	67	22	51
Diplômés du supérieur court (DUT, BTS)	81	11	70
Diplômés du supérieur long	86	10	79
M2 et autres bac+5	83	12	74
Écoles de commerce et d'ingénieur	90	6	90
Doctorat (santé et hors santé)	91	6	71
Ensemble	70	20	61

1. EDI : emploi à durée indéterminée (part parmi les jeunes en emploi). Il s'agit de la norme d'emploi : le contrat de travail ne prévoit pas la date à laquelle il prend fin, à la différence du contrat à durée déterminée.

Céreq, « Enquête 2016 auprès de la génération 2013 : pas d'amélioration de l'insertion professionnelle pour les non-diplômés. », *Bulletin de Recherches Emploi-Formation*, n° 356, 2017.

À SAVOIR

Le **chômage** est la situation d'une personne n'ayant pas d'activité professionnelle rémunérée et déclarée, cherchant à en exercer une, et disponible pour l'occuper. Le **taux de chômage** mesure le rapport entre le nombre de chômeurs et la population active (multiplié par 100 pour obtenir un pourcentage). Un **actif** est une personne exerçant une activité professionnelle rémunérée et déclarée (actif occupé ou en emploi), ou cherchant à exercer une activité professionnelle rémunérée et déclarée (chômeur). Le **taux d'emploi** est calculé en divisant le nombre d'actifs occupés par la population en âge de travailler.

1 **Faites une phrase qui explique le sens de la donnée en rouge.**

....

....

2 **Quelle corrélation établit le document entre chômage, type d'emploi et absence de diplôme ?**

....

....

3 Les diplômes rapportent-ils toujours autant ?

Une étude du Céreq montre que le retour sur investissement [des diplômes] est en perte de vitesse depuis vingt ans. [...] Principale explication : la massification de l'enseignement supérieur, qui diminue la rareté des diplômes. La mauvaise conjoncture économique et la hausse de la part des femmes — plus souvent à temps partiel — parmi les hauts diplômés concourent aussi à cette évolution. Si le rendement salarial du diplôme diminue en début de carrière, l'avantage qu'il procure pour trouver un emploi (donc éviter le chômage) est néanmoins en forte hausse. Le diplôme conditionne aussi la durée moyenne d'obtention d'un premier emploi à durée indéterminée et la qualité du poste décroché.

G. Duval, S. Foulon, C. Chavagneux, A. Martin, V. Grimault, « Le travail ne paie-t-il vraiment plus ? », n° 389, *Alternatives économiques*, avril 2019.

1 **Pourquoi le « retour sur investissement » des diplômes est-il en perte de vitesse depuis vingt ans ?**

....

....

....

....

....

....

....

2 **Le diplôme est-il pour autant moins nécessaire ?**

....

....

....

FAIRE LE POINT

Vrai ou faux ?

1. Être (très) diplômé(e) est une protection contre le chômage et la précarité. ....

2. Tous les diplômes ne sont pas équivalents pour trouver un emploi. ....

3. Les plus diplômé(e)s occupent majoritairement des emplois à durée déterminée. ....

4. Les jeunes les plus diplômés sont plus souvent en CDI mais ont un plus faible taux d'emploi. ....

FICHE 26 Quels sont les différents déterminants du niveau des salaires ?

OBJECTIF >> Comprendre que le salaire dépend du niveau de diplôme et de différents facteurs tels que l'expérience acquise, le type d'entreprise, le genre.

1 Combien gagne mon voisin ?

Les étudiants en deuxième année à l'École de journalisme de Sciences Po ont créé, avec Franceinfo, « Combien gagne mon voisin ? ». Cette application web et mobile est un outil d'estimation et de comparaison des salaires selon le métier, l'âge, le sexe et le lieu de résidence, qui met en lumière les inégalités de genre, de génération et de territoire. L'expérience que l'application propose est ludique et invite à la réflexion. Le principe de navigation est très simple : entrez le nom, le sexe, l'âge, le métier et le lieu de résidence de la personne existante ou fictive dont vous souhaitez connaître le salaire (mensuel net). Une fois ce premier profil créé, vous découvrirez le montant du salaire. Après avoir obtenu ce résultat, vous pourrez modifier un ou plusieurs critères et comparer ce salaire, en vous demandant : « et si M. Dupont, professeur à Paris âgé de 45 ans, était une femme ? », « et s'il avait 60 ans ? », « et s'il habitait à Strasbourg ? »

« Disparités salariales : combien gagne mon voisin ? », *Franceinfo*, 2020.

	Homme de 45 ans habitant Paris / Lille	Femme de 45 ans habitant Paris / Lille
Métier n° 1 - Avocat(e)	.... /	.... / ....
Métier n° 2 - Chef de produit	.... /	.... / ....
Métier n° 3 - Électricien(ne) (artisan)	.... /	.... / ....
Métier n° 4 - Professeur(e) des écoles	.... /	.... / ....

1 À l'aide de l'application web « *Combien gagne mon voisin ?* », complétez le tableau ci-dessus.

RECHERCHE INTERNET

flashbelin.fr/ses2c-75

2 **Déduisez les critères qui, outre le diplôme, peuvent avoir une influence sur la rémunération de l'individu.**

....

....

....

2 Salaire, niveau de diplôme et ancienneté

Salaire mensuel net médian en 2018 des salariés à temps complet selon le diplôme et la durée depuis la sortie de formation initiale, en euros

	Ensemble	Diplôme				
		Diplôme du supérieur long	Diplôme du supérieur court	Baccalauréat	CAP-BEP	Aucun diplôme brevet des collèges
Sortis depuis 1 à 4 ans de formation initiale	1 530	1 940	1 450	1 330	1 300	n.s.
Sortis depuis 11 ans ou plus de formation initiale	1 930	2 800	2 200	1 820	1 700	1 570

n.s. : donnée non significative.

Enquête emploi, Insee, 2018.

1 Comparez les données en rouge à l'aide d'un calcul adapté. >> MÉTHODE 8 – p. 90

....

....

2 Comment expliquer l'augmentation des salaires entre la sortie de la formation initiale et après 11 ans de carrière ?

....

....

3 Pourquoi les écarts de salaire se creusent-ils entre les diplômés d'un CAP-BEP et ceux du supérieur long ?

....

3 Les écarts de salaire par secteur d'activité et taille des entreprises

Salaires mensuels moyens bruts et nets en France, par taille d'entreprise

Effectifs	Rémunération brute (en euros)	Salaire net (en euros)
Moins de 10 salariés	2 439	1 857
De 10 à 19 salariés	2 704	2 051
De 50 à 99 salariés	2 913	2 135
De 250 à 499 salariés	3 213	2 391
De 500 salariés et plus	3 376	2 517
Ensemble	3 000	2 391

Insee, données 2017.

Salaire horaire moyen par secteur d'activité

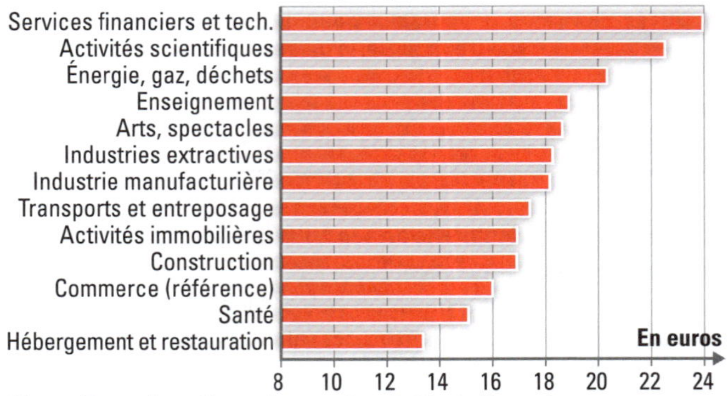

Champ : France (hors Mayotte), entreprises de 10 salariés ou plus.

« Salaire horaire : l'importance de la catégorie socioprofessionnelle et du diplôme », *Insee Focus*, n°116, 18 septembre 2018.

1 Dans quel secteur d'activité et type d'entreprise les salaires sont-ils plus élevés ? Formulez des hypothèses pour l'expliquer.

....

....

....

4 Les écarts de salaire entre hommes et femmes

Les inégalités professionnelles entre les femmes et les hommes prennent des formes multiples. En premier lieu, les inégalités de volume de travail, les femmes étant bien plus souvent à temps partiel que les hommes. [...] S'y ajoutent les inégalités de salaire pour un même volume de travail, qui sont faibles au début de la vie active mais s'accroissent tout au long de la carrière. Elles proviennent principalement du fait que les femmes et les hommes ne travaillent pas dans les mêmes secteurs et n'occupent pas les mêmes emplois.

Les écarts de salaire entre les femmes et les hommes pour un même volume de travail se réduisent régulièrement depuis quarante ans. Ils ont diminué d'un quart sur les vingt dernières années. [Mais] les femmes accèdent moins aux emplois les mieux rémunérés, ce qui explique une grande partie de l'écart de salaire. Ces inégalités d'accès aux emplois les mieux rémunérés sont particulièrement élevées parmi les salariés ayant des enfants.

Simon Georges-Kot, « Écarts de rémunération femmes-hommes : surtout l'effet du temps de travail et de l'emploi occupé », *Insee Première*, n° 1308, 18 juin 2020.

1 Qu'entend-on selon vous par « inégalités de volume de travail » ?

....

....

2 Repérez les principaux facteurs explicatifs des inégalités salariales entre hommes et femmes.

....

....

....

....

....

....

....

FAIRE LE POINT

Reliez chaque proposition au facteur qui l'explique.

1. Le salaire horaire brut moyen est de 29 € dans les secteurs de la recherche et développement, des activités financières et d'assurance contre 15,3 € dans l'action sociale, l'hébergement et la restauration. •
2. En 2019, l'écart de salaire entre hommes et femmes cadres est de 21 %. •
3. La rémunération horaire moyenne est de 16,60 € dans les entreprises de 1 à 9 salariés et de 28,30 € dans les entreprises de 500 salariés ou plus. •
4. Les personnes de 25 à 39 ans gagnent en moyenne 1 600 € nets par mois contre 2 180 € pour les actifs de 50 à 54 ans. •
5. Les cadres reçoivent 3 430 € par mois contre 1 140 € pour les employés. •

- • **a.** Genre
- • **b.** Secteur d'activité
- • **c.** Niveau de qualification
- • **d.** Taille de l'entreprise
- • **e.** Âge

FICHE 27 Comment le milieu social affecte-t-il les chances d'accès au diplôme et à l'emploi ?

OBJECTIF >> Comprendre que les chances d'accès aux formations diplômantes sont socialement différenciées.

1 Les étudiants du supérieur : une origine socialement différenciée

Origine sociale des étudiants français en 2018-2019 (en %)

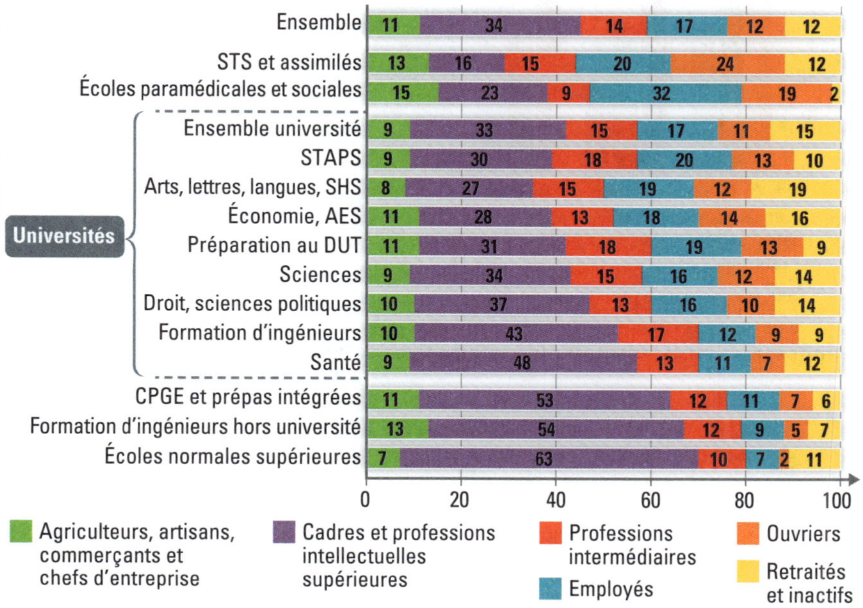

Ministère de l'Enseignement supérieur, de la Recherche et l'Innovation, note d'information du SIES, janvier 2020.

1 Présentez la différence entre la composition sociale des « écoles paramédicales et sociales » et des « CPGE et prépas intégrées ».

....

2 Dans quelles filières les enfants de cadres et professions intellectuelles supérieures sont-ils surreprésentés ? Sous-représentés ? Formulez des hypothèses pour l'expliquer.

....

2 Le langage, la lecture et les dispositions scolaires

La lecture : des inégalités dès l'enfance
flashbelin.fr/ses2c-77

Les compétences langagières parentales constituent un capital dans la socialisation des enfants. […] Tout un ensemble de pratiques quotidiennes contribue à la construction d'un rapport au langage socialement différencié et donc à la transmission du capital langagier. Les inégalités se jouent non seulement au niveau du volume et du contenu des bibliothèques familiales ou personnelles, mais également au niveau des pratiques de lecture, de la sélection des ouvrages lus, et des manières de lire. […] L'enquête porte aussi sur les divers usages quotidiens du langage oral, qui peuvent encourager ou non la réflexivité et favoriser l'acquisition de compétences langagières. La maîtrise et l'usage d'une ou plusieurs langues étrangères dans l'entourage familial constituent une de ces ressources, distinctive socialement […]. L'emploi du langage oral fait aussi l'objet d'une régulation familiale plus ou moins soutenue et tournée vers le respect des normes scolaires […]. C'est aussi de manière informelle et ludique que la socialisation langagière se déploie, à l'occasion des jeux de mots, blagues et devinettes.

Bernard Lahire (dir.), *Enfances de classe. De l'inégalité parmi les enfants*, Le Seuil, 2019.

1 À l'aide de la vidéo et du texte, expliquez en quoi le manque de compétences langagières de certains enfants de milieu modeste peut faire obstacle à leur réussite scolaire.

....

3 Des vœux et choix d'orientation socialement différenciés

Parts d'enfants de cadres et d'ouvriers selon les filières

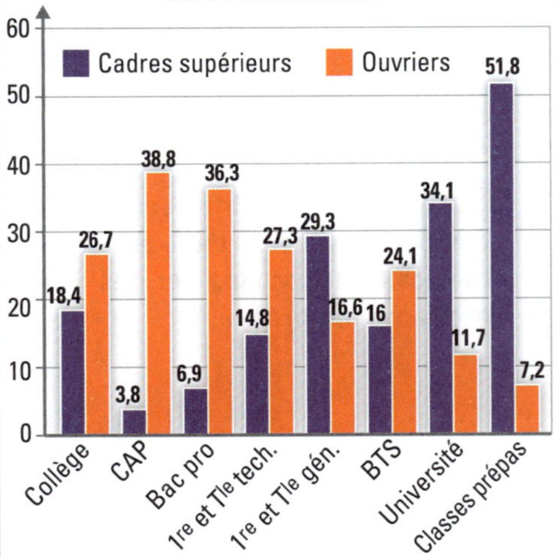

Centre d'observation de la société, septembre 2018

Vœux d'orientation en seconde générale ou technologique selon l'origine sociale de l'élève

Notes obtenues au diplôme national du brevet

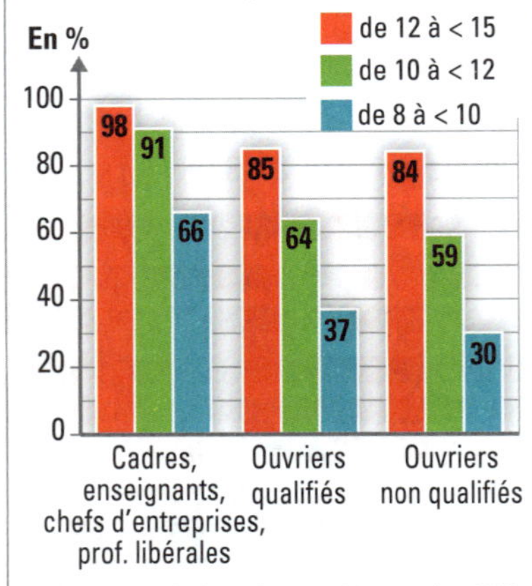

DEPP, note d'information n° 1324, novembre 2013.

1 Dans quelles filières les enfants d'ouvriers sont-ils surreprésentés par rapport à l'ensemble des collégiens ? Et pour les enfants de cadres ?

....

2 Comparez les vœux d'orientation des enfants de cadres, enseignants, chefs d'entreprise, professions libérales avec ceux des enfants d'ouvriers.

....

4 L'impact de la Covid-19 sur la réussite des étudiants

Cette période [de crise] a eu un effet démultiplicateur des inégalités. À l'université par exemple, les étudiants d'origine populaire sont les premiers à pâtir du manque de moyens humains et matériels [...]. À défaut, ces jeunes ont souvent dû suivre des enseignements à distance, alors qu'ils n'ont pas toujours le matériel informatique adapté ou, quand ils l'ont, ne le maîtrisent pas forcément [...]. Ces jeunes appartiennent au pôle « populaire » [...]. Ce pôle contraste nettement avec celui des jeunes des classes supérieures. Certes, ces derniers pâtissent eux aussi de la saturation du marché de l'emploi en temps de Covid-19 ; mais ils restent les mieux armés pour y faire face. Formés pour la plupart dans les meilleurs établissements du supérieur, ce sont les plus à même de remplir et présenter efficacement leur CV, faciliter les rencontres qui leur permettent d'accroître leur réseau de relations, en partie hérité de la famille.

« Avoir 20 ans en 2020 : quand la Covid-19 révèle les inégalités entre les jeunes », *The Conversation France*, 21 octobre 2020.

1 En quoi le confinement révèle des différences entre les jeunes selon leur origine sociale ?

....

2 Expliquez pourquoi les jeunes issus des classes supérieures font mieux face à la saturation du marché de l'emploi en temps de Covid-19.

....

FAIRE LE POINT

Vrai ou faux ?

1. Les écarts de compétences langagières peuvent expliquer des différences de réussite scolaire.
....

2. Le principal obstacle à l'accès des enfants d'ouvriers à l'université est économique. ....

3. Les vœux d'orientation entre enfants d'ouvriers et de cadres sont équivalents lorsqu'ils sont des élèves moyens. ....

4. Les enfants de cadres sont surreprésentés dans les parcours les plus sélectifs. ....

SUR LE TERRAIN — Enquêter sur les inégalités salariales entre hommes et femmes

SAVOIRS >> écarts salariaux, qualification **SAVOIR-FAIRE >>** réaliser une enquête à partir de données statistiques

VOTRE MISSION

Réalisez une enquête à partir de données statistiques sur les inégalités salariales entre hommes et femmes et présentez le résultat de vos recherches.

En dépit d'une meilleure réussite des femmes dans le système scolaire, les écarts salariaux entre les sexes se maintiennent. Vous vous efforcerez de saisir les facteurs qui permettent d'expliquer en partie ce paradoxe. Après avoir mené l'enquête, vous présenterez un compte rendu oral de vos recherches à l'aide du support de votre choix.

ÉTAPE 1 Comprendre les facteurs objectifs qui expliquent les écarts salariaux

RECHERCHE INTERNET

flashbelin.fr/ses2c-79

À partir de l'enquête de l'Insee https://www.insee.fr/fr/statistiques/4514861 sur les écarts de rémunérations entre hommes et femmes, répondez aux questions suivantes :

1 Quel est l'écart de salaire hommes-femmes et l'écart à volume de travail égal (écart dit en « équivalent temps plein ») ? Qu'en déduisez-vous sur le facteur explicatif principal des différences de salaire ?

....

....

....

2 Quel est l'impact de la ségrégation professionnelle sur les écarts de salaire ?

....

....

....

....

....

ÉTAPE 2 Relier les facteurs objectifs aux représentations sociales

RECHERCHE INTERNET

flashbelin.fr/ses2c-79

1 Montrez, toujours à l'aide de données de l'Insee, que les écarts salariaux se creusent avec le niveau de diplôme, pour les fonctions les plus élevées dans la hiérarchie, et tout au long de la carrière. Pourquoi les femmes accèdent-elles moins aux postes à responsabilité ?

....

....

....

....

....

....

....

Écarts de rémunération et de temps de travail moyens

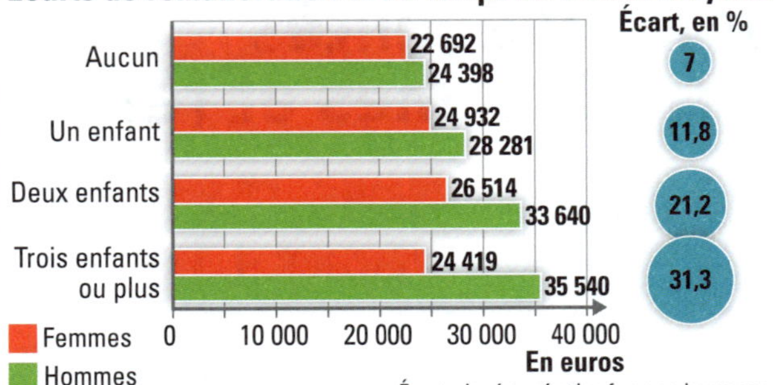

Champ : secteur privé, France métropolitaine.

« Écarts de rémunération femmes-hommes : surtout l'effet du temps de travail et de l'emploi occupé », Insee Première, n°1308, 18 juin 2020.

Évolution des temps sociaux au cours d'une journée moyenne entre 1986 et 2010 (en heures et en minutes)

	Femmes		Hommes	
	1986	2010	1986	2010
Temps physiologique	11h25	11h36	11h12	11h17
Travail, études, formation (et trajets)	3h16	3h31	5h47	5h15
Temps domestique	5h07	4h01	2h07	2h13
Ménages, courses	4h10	3h01	1h10	1h17
Soins aux enfants	0h42	0h45	0h10	0h19
Jardinage, bricolage	0h15	0h15	0h47	0h37
Temps libre	3h28	3h58	4h09	4h28

Champ : France métropolitaine, personnes âgées de 15 à 60 ans, hors étudiants et retraités.
Lecture (temps physiologique) : en 2010, les personnes d'âge actif passent en moyenne 11h26 à dormir, manger et se préparer.

Insee, enquête emploi du temps 1986, 1999 et 2010.

2 Présentez l'évolution des écarts salariaux selon la situation familiale et reliez ces données aux constats que vous avez déjà dégagés.

3 Présentez l'évolution du temps consacré au ménage et aux courses entre 1986 et 2010 pour les femmes et les hommes. Quelle analyse pouvez-vous faire de ces données au regard de vos réponses à la question précédente ?

ÉTAPE 3 Faire le bilan et présenter ses recherches

1 **Choisissez votre support de présentation.**

❑ diaporama ❑ support vidéo ❑ affiche ❑ podcast

CONSEIL
Votre présentation doit croiser les données statistiques recueillies et vos connaissances sur la socialisation différentielle.

2 **À l'aide de votre cours sur la socialisation (p. 58) indiquez ce qui peut limiter l'égalité de carrière professionnelle et salariale entre hommes et femmes :**

- dans le choix des filières du secondaire et universitaire :
- dans la progression de carrière :
- dans la sphère domestique :

3 **Proposez une ouverture présentant un autre facteur d'inégalités salariales, par exemple, l'impact du confinement sur les femmes.**

flashbelin.fr/ses2c-80

Complétez le schéma avec les termes suivants : **a.** capabilités ; **b.** qualification ; **c.** capital humain ; **d.** investissement ; **e.** productivité ; **f.** revenus ; **g.** coûts.

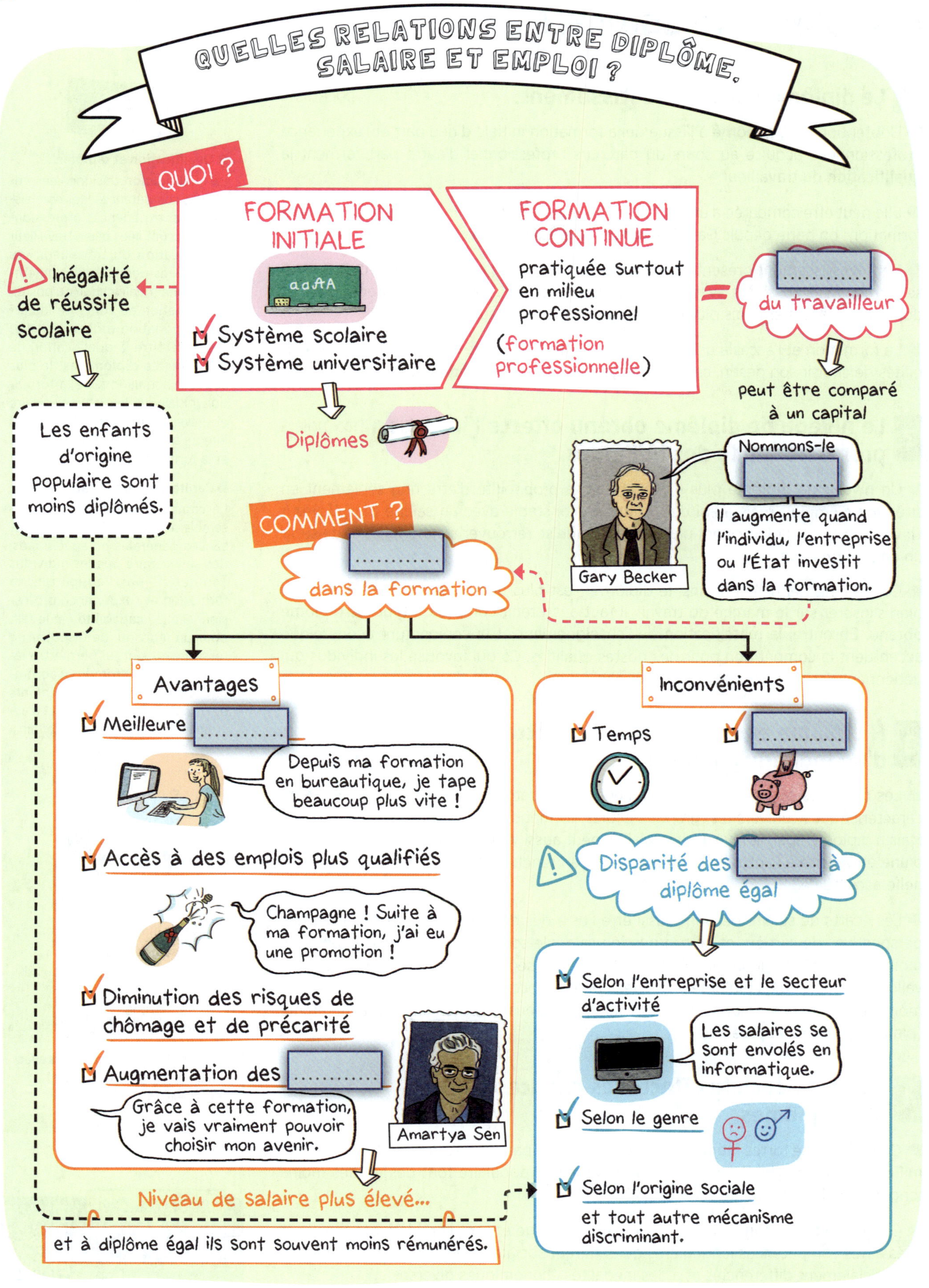

L'ESSENTIEL

Quelles relations entre le diplôme, l'emploi et le salaire ?

L'essentiel en audio flashbelin.fr/ses2c-82

1 Le diplôme est un investissement.

>> FICHE 24

- L'obtention d'un **diplôme** à l'issue de la formation initiale d'une part et l'expérience professionnelle acquise au cours du parcours professionnel d'autre part forment la **qualification du travailleur**.

- Elle peut être comparée à un capital qui augmente lorsque l'individu investit dans sa formation : on parle depuis **Gary Becker** de « **capital humain** ».

- Cet **investissement** présente des **coûts**, ceux du temps et des sommes consacrés à se former, mais aussi des **avantages** : celui de favoriser une meilleure productivité et donc l'accès à des emplois plus qualifiés, plus stables, mieux rémunérés.

- La formation et l'accès à un diplôme augmentent la liberté individuelle et les possibilités de choisir son destin, ce qu'**Amartya Sen** nomme les **capabilités**.

2 Le niveau de diplôme obtenu affecte l'insertion professionnelle des individus.

>> FICHE 25

- Un **niveau de diplôme** plus élevé accroît la probabilité d'être non seulement en situation d'emploi ; mais aussi d'avoir un emploi stable avec un salaire plus élevé. À l'inverse, les peu diplômés ont plus de risques de se retrouver au **chômage** et de subir un **emploi précaire**.

- Cependant, depuis vingt ans, le diplôme n'est plus une condition suffisante pour bien s'insérer sur le marché du travail. Il faut aussi tenir compte du **type de diplôme** obtenu. En outre, la massification de l'enseignement et la conjoncture économique accentuent la compétition pour des postes qualifiés. Ce qui favorise les individus qui détiennent des diplômes plus élevés et plus rares.

3 À diplôme égal, le salaire peut être différent d'un individu à l'autre.

>> FICHE 26

- Les diplômes peuvent être inégalement rémunérateurs et protecteurs selon leurs caractéristiques (universités, grandes écoles, formation professionnalisante ou pas). Mais à diplôme égal, le niveau des salaires peut aussi varier d'un secteur d'activité ou d'une entreprise à l'autre, selon leur taille ou en fonction de l'**expérience professionnelle** accumulée.

- Les écarts de salaire peuvent aussi être liés à des différences de qualification (les perspectives de carrière et de progression salariale sont moins nombreuses pour les moins qualifiés), de genre et à des mécanismes de ségrégation sur le marché du travail. Les femmes, plus diplômées que les hommes, occupent souvent des professions moins rémunérées et valorisées. L'écart salarial se creuse aussi en haut de la hiérarchie (plafond de verre, autocensure).

4 L'origine sociale affecte les chances d'accès aux diplômes.

>> FICHE 27

- On observe de fortes **inégalités de réussite** et de parcours scolaires, en fonction du **milieu social d'origine**. Ainsi, les enfants de milieu populaire font des études moins longues que les enfants de cadres.

- Ces inégalités se construisent dès le plus jeune âge et sont **cumulatives** : elles sont liées à des compétences langagières qui diffèrent socialement, à des vœux d'orientation socialement différenciés et à des inégalités économiques diverses.

NE PAS CONFONDRE

Qualification et diplôme

La **qualification** désigne l'ensemble des compétences, des connaissances et expériences professionnelles accumulées par le travailleur (qualification du travailleur) ou nécessaires pour occuper un emploi donné (qualification du poste). La formation au cours de la carrière (formation professionnelle) peut accroître la qualification de l'individu. Le **diplôme** est le plus souvent acquis lors de la formation initiale par le système scolaire et universitaire. Le capital humain intègre à la fois la formation initiale et la formation continue.

Capital humain et capabilité

Le **capital humain** désigne l'ensemble des capacités, des connaissances générales ou spécifiques, des savoir-faire que les individus acquièrent par l'éducation, la formation et l'expérience professionnelle. La **capabilité** est le fait, pour un individu, de disposer de ressources pour lui permettre de faire un choix. Offrir plus d'accompagnement scolaire à des enfants de milieux défavorisés permet d'accroître leur liberté de choix et ainsi d'agir sur leur destin.

MOTS-CLÉS

- Diplôme
- Qualification
- Capital humain
- Investissement
- Capabilité
- Chômage

Voir >> LEXIQUE – p. 93

Révisez aussi les mots-clés avec les flashcards à découper !
>> CAHIER JEU

QUIZ INTERACTIF

Je fais le bilan
flashbelin.fr/ses2c-82

Lire et comprendre un texte

MÉTHODE

ÉTAPE 1 Situer le texte

Il faut trouver les éléments qui peuvent vous apporter des informations sur le contenu du texte.

- Le **titre** peut donner l'**idée centrale ou l'objet du texte**.
- Le **nom de l'auteur** peut apporter des informations sur **l'orientation du texte** (l'auteur est-il économiste, sociologue, historien, journaliste...?).
- **L'origine du texte** permet de **hiérarchiser l'information** (extrait d'ouvrage sociologique, économique, de revue scientifique, d'article de presse, de roman...).
- **La date** permet de **replacer le texte dans un contexte particulier** (référence à un contexte économique, analyse d'un fait d'actualité récent...).
- **Les notes de bas de page** constituent souvent une **information précieuse** sur le sens d'un mot, sur la méthode utilisée, sur les références bibliographiques mobilisées par l'auteur de l'article...

ÉTAPE 2 Lire le texte

Pour bien comprendre un texte, il faut d'abord faire une première lecture rapide du document, puis procéder à une ou plusieurs autres lectures plus approfondies.

- **Repérez d'abord le vocabulaire difficile.** Mettez les termes qui vous posent problème dans le contexte de la phrase pour mieux les comprendre (vous pouvez aussi chercher dans un dictionnaire ou dans le lexique de votre cahier). Repérez, s'il y a lieu, des « concepts », à savoir des idées abstraites mises en avant par l'auteur du texte.
- **Repérez ensuite la structure du texte qui exprime l'argumentation de l'auteur.** Il faut être attentif à la façon dont le texte est composé (paragraphe, alinéas...), à divers indicateurs tels que les sous-titres, les mots mis en évidence (gras, italique...), mais aussi aux connecteurs logiques qui servent à articuler la pensée de l'auteur (ex : dans un premier temps ; dans un second temps...).
- **Repérez enfin l'idée générale** qui pourrait servir de titre au texte, et les idées secondaires ensuite. Veillez à ne pas confondre les idées de l'auteur et celles qu'il souhaite réfuter et à distinguer les opinions des faits.

APPLICATION

Société de subsistance ou société d'abondance ?

Les ethnologues économistes n'ont cessé de développer l'idée selon laquelle l'économie primitive est une économie de subsistance [...] en ce qu'elle parvient tout juste, au mieux à grand-peine, à assurer la subsistance de la société. Leur système économique permet aux primitifs, au prix d'un labeur incessant, de ne pas mourir de faim et de froid. [...] Bref, l'économie primitive est une économie de subsistance parce que c'est une économie de la misère. À cette conception de l'économie primitive, Sahlins oppose [...] les faits ethnographiques [...]. Les monographies où sont étudiés les Australiens de la Terre d'Arnhem et les Bochimans du Kalahari [...] présentent des données chiffrées : les temps consacrés aux activités y sont mesurés. On s'aperçoit alors que, loin de passer toute leur vie à la quête fébrile d'une nourriture aléatoire, ces prétendus misérables ne s'y emploient au maximum que cinq heures par jour en moyenne, plus souvent entre trois et quatre heures. Il en résulte donc que dans un laps de temps relativement court, Australiens et Bochimans assurent très convenablement leur subsistance. [...]
Le constat, ethnographiquement fondé, que d'une part les économies primitives sont sous-productives [...] que d'autre part elles satisfont toujours les besoins de la société [...], impose donc, en sa paradoxale vérité, que la société primitive est en effet une société d'abondance puisque tous les besoins y sont satisfaits.

Pierre Clastres, préface au livre de Marshall Sahlins, *Âge de pierre, âge d'abondance : l'économie des sociétés primitives*, Gallimard, 1976.

1 Présentez le texte.

....

....

2 Quels sont les deux concepts-clés présentés par l'auteur ? Définissez-les.

....

....

....

3 Présentez les étapes de la démonstration à l'aide de la structure du texte.

....

....

....

....

....

....

....

....

....

....

FICHE MÉTHODE 2

Construire un paragraphe argumenté

MÉTHODE

ÉTAPE 1 Organiser un paragraphe argumenté

Dans tout texte scientifique, mais aussi dans la vie courante, on attend du rédacteur qu'il **argumente**, c'est-à-dire qu'il présente ses idées d'une façon convaincante pour le lecteur.

- Une **phrase introductive ou un paragraphe introductif** doit permettre de reprendre la question posée et de la situer dans son contexte.
- La réponse sera organisée en **paragraphes distincts présentant deux ou trois idées principales** qui répondent à la question. Vous devez donc **construire au brouillon un plan en deux ou trois parties**, puis trouver les arguments que vous allez utiliser dans chaque partie.
- Dans la rédaction, **chaque partie doit correspondre à un paragraphe** (marqué par un alinéa).
- Entre chaque nouvelle idée, pensez à **utiliser des connecteurs logiques** indiquant un lien de causalité (« de ce fait », « par conséquent », « de plus », « par ailleurs ») ou l'opposition (« au contraire », « à l'inverse », « néanmoins », « toutefois »...).

ÉTAPE 2 Respecter les étapes de l'argumentation

- Une argumentation est réussie si elle prend le temps de remplir trois étapes : il faut d'abord donner une **affirmation**, puis **expliquer** et enfin **illustrer** cette affirmation. Vous pouvez aussi illustrer avant d'expliquer.
- Pour toute question à l'oral ou dans un contrôle : l'affirmation sert à **répondre simplement à la question** ; l'explication **se construit avec le cours** pour préciser l'affirmation ; l'illustration **se construit avec les documents** et vos connaissances pour préciser l'affirmation.
- Vos arguments doivent être construits : **veillez à utiliser un vocabulaire et des concepts précis**.
- **L'illustration**, qui sert à préciser l'affirmation, s'appuie sur l'étude des documents et sur vos connaissances.

APPLICATION

Construire un paragraphe argumenté à partir d'un document

« Pour parodier Simone de Beauvoir, on pourrait dire que "l'on ne naît pas homme, on le devient". [...] C'est dans le groupe des pairs que, dès le plus jeune âge, les garçons apprennent qu'ils doivent se différencier des femmes : ne pas se plaindre, apprendre à se battre, apprendre aussi à être les meilleurs... »

« Tout ce qui n'est pas conforme à la conduite virile va être classé comme féminin. Le garçon qui n'y adhère pas va être la risée des petits camarades, exclu du groupe des hommes, souvent violenté. »

Propos recueillis par Martine Fournier, « La construction du masculin », Entretien avec Daniel Welzer Lang, *Sciences humaines*, n° 146, février 2004.

Taux de chômage et conditions d'emploi des jeunes trois ans après la fin de leurs études

En %	Taux de chômage	Emploi à durée indéterminée*	Emploi à durée déterminée*
Aucun diplôme	49	35	65
CAP-BEP	28	49	51
Baccalauréat	19	52	49
Bac+2	12	68	32
Bac+5	10	82	18
(Dont écoles de commerce et d'ingénieur)		90	10
Doctorat	6	71	29

Champ : ensemble des jeunes occupant un emploi au terme de leur troisième année de vie active.

*Comprend intérim et contrats aidés.

Céreq, Enquête 2016 auprès de la génération sortie de l'école en 2013.

1 Lisez le texte et soulignez en rouge les affirmations ; en bleu les explications ; en vert les illustrations.

2 Définissez les termes du tableau.

....

....

3 Construisez un paragraphe argumenté afin de montrer que le niveau de diplôme des jeunes a un impact sur l'accès à l'emploi.

....

....

....

....

....

....

....

....

....

....

....

....

....

....

....

Lire et comprendre un tableau

MÉTHODE

ÉTAPE 1 Repérer

Il faut d'abord repérer certaines informations qui entourent le tableau :

- la **source** (qui a produit ce document ? d'où viennent les chiffres ? d'un institut reconnu comme l'INSEE ou d'un blog de chercheur) ;
- le **titre** (qui indique en général de quoi le document parle) ;
- la **date** et le **lieu** ;
- les **unités** (milliers, %...).

Dates — Titre — Unités

Proportion de bacheliers dans une génération (en %)

Année	Général	Technologique	Professionnel	TOTAL
1851	0,6	0	0	0,6
1901	0,9	0	0	0,9
1969	14,4	1,7	0	16,1
1987	21,7	10,8	0,1	32,6
2000	32,9	18,5	11,4	62,8
2019	42,6	16,5	20,9	80,0

Notes : 1969 : Première session du baccalauréat technologique ; 1987 : Première session du baccalauréat professionnel ; 2009 : Création de l'épreuve de rattrapage au baccalauréat professionnel.

Lieu

Champ : France métropolitaine + DOM hors Mayotte.

DEPP (Direction de la prospective et de la performance) du ministère de l'Éducation nationale et de la Jeunesse, « Résultats définitifs de la session 2019 du baccalauréat », Note d'information, n° 20, 10 mars 2020.

Source

ÉTAPE 2 Comprendre

- Définissez les termes du tableau.
- Pour cela il faut d'abord donner sens à la colonne et à la ligne « Total » (ou « Ensemble ») si elles figurent dans le tableau. Il suffit en général de se servir du titre.
- Ensuite, il faut choisir un chiffre (de préférence qui ne soit pas dans le « total ») et lui donner sens. Croisez alors la ligne et la colonne correspondant au chiffre que vous avez choisi. N'oubliez pas de vous servir du titre du tableau et de préciser l'unité.
- Attention, en SES, précisez toujours la date et le lieu !

ÉTAPE 3 Analyser

Il faut enfin dégager la ou les information(s) principale(s) du tableau.

- Il convient de regarder l'ensemble des données du tableau et de mettre en évidence les chiffres extrêmes ou qui paraissent contradictoires.
- Pour cela vous aurez besoin de calculer des parts et/ou de mesurer des évolutions. >> MÉTHODE 7 – p. 89 >> MÉTHODE 8 – p. 90

Astuce : pour faire une phrase avec une donnée, il suffit d'être attentif : tout est donné dans le titre, les lignes et les colonnes !

APPLICATION

Emploi salarié en France (en milliers)

	1975	2017
Emplois salariés « typiques » (CDI à temps plein)	**15 952**	**20 290**
Emplois « précaires » (2)	**217**	**3 659**
Intérimaires	0	707
CDD	0	2 520
Apprentis	165	432
Contrats aidés et stagiaires	52	ND
Emplois « à temps partiel » (3)	**1 320**	**1 844**
Emplois salariés « atypiques » (2+3) en % de l'emploi salarié (1)	8,79	21,33
Emploi salarié total (1)	**17 489**	**25 793**

Champ : Population active occupée de 15 ans et plus.

Insee, Enquêtes emploi, 2019.

1 Quelle est la source de ce tableau ? De quoi parle-t-il ? Quel pays est concerné ? Quand ? Quelles sont les unités utilisées ?

....

....

....

2 Définissez les termes du tableau. Que mesure la ligne « Emploi salarié total » ? De quoi cette ligne est-elle la somme ? Faites une phrase avec les chiffres en rouge.

....

....

....

....

....

....

....

....

....

3 Quelles évolutions de l'emploi se dégagent du tableau ? Utilisez des chiffres du tableau et un outil mathématique de votre choix pour les mettre en évidence. >> MÉTHODE 7 – p. 89

....

....

....

FICHE MÉTHODE 4

Lire et comprendre un graphique : les évolutions et séries chronologiques

MÉTHODE

ÉTAPE 1 Comprendre les informations du graphique

- **Repérez les informations qui entourent le graphique :** la **source** (qui a produit ce document ?) ; le **titre** (qui indique en général de quoi le document parle) ; la **date** et le **lieu** ; les **unités** (milliers, %...).
- Il faut avant tout **comprendre le vocabulaire** utilisé dans le titre, sur l'axe des abscisses et des ordonnées, sur chacune des **courbes** ou chacun des **bâtons** du graphique. Il est important de s'aider des notes le cas échéant.
- Il faut ensuite arriver à lire **un chiffre du graphique pris au hasard et lui donner du sens**. Pour cela, il faut d'abord **repérer ce que mesurent les axes des abscisses et des ordonnées** dans le cas d'un diagramme en bâtons ou d'une courbe. Dans une série chronologique les dates sont également en abscisses.

ÉTAPE 2 Décrire et analyser le graphique

- Il faut **dégager la ou les information(s) principale(s) du graphique**. Décrivez pour cela l'**allure générale de la courbe (*trend*)** : les données sont-elles croissantes, décroissantes, stables dans le temps ? Cette allure est-elle conforme à vos connaissances du phénomène ?
- Analysez dans un second temps des **données plus détaillées.** Dégagez d'éventuelles périodes en les datant et en les interprétant. Présentez les éventuelles ruptures de tendance (crise de 2008, crise sanitaire, chocs pétroliers...), les chiffres extrêmes qui paraissent contradictoires ou les évolutions. Analysez à l'aide de vos connaissances.
- Vous pouvez **calculer des parts et/ou mesurer des évolutions** pour décrire les évolutions.

>> MÉTHODE 7 – p. 89 >> MÉTHODE 8 – p. 90 >> MÉTHODE 9 – p. 91

APPLICATION

Croissance du PIB en volume en France et dans le monde (1990-2021)

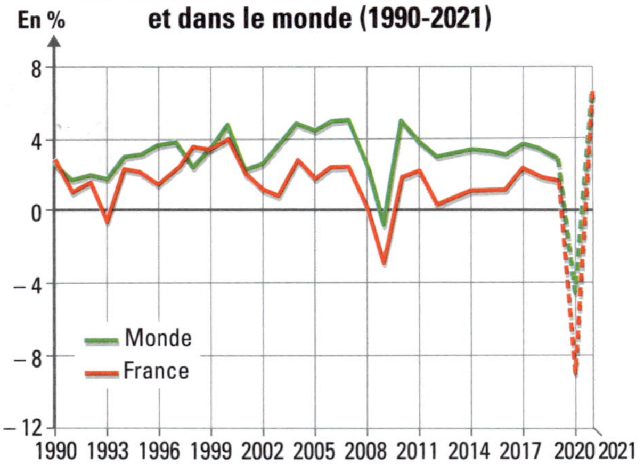

Rexecode, *Perspectives de l'économie mondiale 2020-2021 : un rebond en quête de relais*, septembre 2020.

1 Repérez les informations qui entourent le graphique et présentez-le.

C'est une série chronologique car il y a le temps indiqué en abscisse.

2 Repérez les périodes de récession en France depuis 1990.

1993 taux de variation inférieur à 0

3 Décrivez et analysez les évolutions.

On peut voir que la France a toujours été inférieur au PIB du Monde sur la période 1990 à 2020. En 2020 on constate une baisse brusque et rapide des 2 PIB, expliquer par la crise du Covid qui a entraîné une récession. Nous constatons qu'il y a eu 2 crises majeurs subi par la France et le monde, d'abord en 2009 avec une récessi plus forte en France avec une variation de - 3 % contre - 0,5 %.

Lire et comprendre un graphique de répartition

MÉTHODE

ÉTAPE 1 Comprendre les informations du graphique

- **Repérez les informations qui entourent le graphique** : la **source** (qui a produit ce document ?) ; le **titre** (qui indique en général de quoi le document parle) ; la **date** et le **lieu** ; les **unités** (milliers, %…).
- Il faut avant tout **comprendre le vocabulaire** utilisé dans le titre, sur l'axe des abscisses et des ordonnées dans le cas d'un **graphique en bâtons**, dans les différentes rubriques d'un graphique **circulaire**. Il est important de s'aider des notes le cas échéant.
- Il faut ensuite arriver à lire **un chiffre du graphique pris au hasard et lui donner du sens**.

ÉTAPE 2 2. Décrire et analyser le graphique

- Il faut **dégager la ou les information(s) principale(s) du graphique**. Décrivez pour cela la répartition des valeurs et comparez-les le cas échéant aux **données d'ensemble**. Vous pouvez être amené(e) à faire aussi une comparaison dans le temps.
- Analysez dans un second temps des **données plus détaillées**. Dégagez les chiffres extrêmes. Analysez-les à l'aide de vos connaissances.
- Vous pouvez **calculer des parts si les données sont en valeur absolue**, procédez à des **écarts en points de pourcentage** pour décrire les différences observées et les répartitions.

>> MÉTHODE 7 – p. 89 >> MÉTHODE 8 – p. 90 >> MÉTHODE 9 – p. 91

APPLICATION

Part des femmes dans les différentes formations d'enseignement supérieur

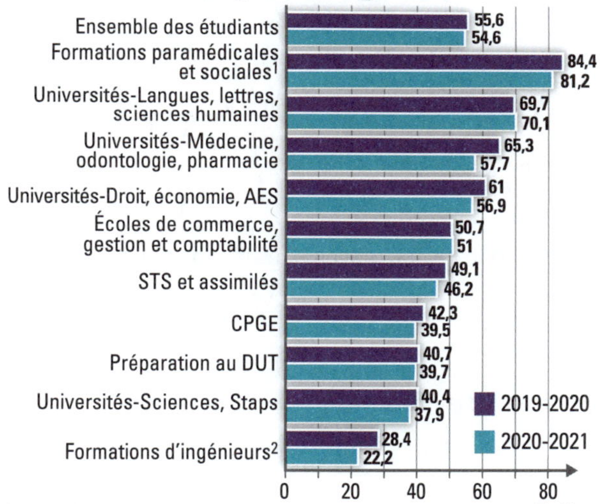

Champ : France métropolitaine + DROM

1. Les dernières données disponibles portent sur 2018-2019
2. Y compris les formations d'ingénieurs dépendants des universités, des INP, des universités de technologies et les formations d'ingénieurs en partenariat

DEPP, *Repères et références statistiques*, 2020.

1 Repérez les informations qui entourent le graphique et présentez-le.

....

....

....

....

....

....

2 Quel phénomène ce document met-il en évidence ? Justifiez en utilisant des chiffres du graphique et un outil mathématique de votre choix. >> MÉTHODE 7 – p. 89

....

....

....

....

....

....

....

....

....

....

....

....

....

....

....

....

....

....

....

....

....

....

FICHE MÉTHODE 6

Lire, interpréter et calculer une moyenne et une médiane

MÉTHODE

ÉTAPE 1 Distinguer moyenne simple et pondérée

- Pour calculer la **moyenne simple** d'une série de valeurs, on fait la somme de toutes ces valeurs et on divise cette somme par le nombre de valeurs.
- Dans certains cas, on veut donner plus d'importance à certaines valeurs. On donnera alors à chaque valeur un coefficient correspondant à l'importance qu'on lui accorde. Pour calculer la **moyenne pondérée** d'une série de valeurs, on fait donc la somme de toutes ces valeurs multipliées par leur coefficient et on divise cette somme par la somme des coefficients.

ÉTAPE 2 Calculer une médiane

- Dans une série de valeurs, la **médiane** est la valeur qui se trouve au milieu de la série, celle qui partage la série en deux parts égales et telle qu'il y a autant de valeurs qui lui sont inférieures que de valeurs qui lui sont supérieures.
- Lorsque la série comporte un nombre impair de valeurs, il n'y a qu'une valeur au milieu de la série. Mais lorsque la série comporte un nombre pair de valeurs, il y a deux valeurs au milieu de la série. Dans ce cas, la médiane est la moyenne de ces deux valeurs intermédiaires.

Exemple : Dans une classe, sept élèves font de l'allemand et huit élèves, de l'espagnol. Leurs notes sont données dans les tableaux ci-contre.

Élève	Aude	Hugo	Tom	Alex	Paul	Mila	Sarah
Note d'allemand	3	4	6	11	12	13	14

La moyenne (simple) des notes d'allemand est de :

$(3 + 4 + 6 + 11 + 12 + 13 + 14) / 7 = 9.$

La médiane des notes d'allemand est de 11, c'est la note d'Alex.

Élève	Léo	Lucie	Élisa	Saïda	Julie	Abdel	Philip	Tom
Note d'espagnol	6	7	7	8	9	16	17	18
	3 notes inférieures			2 notes intermédiaires		3 notes supérieures		

La médiane des notes d'espagnol est la moyenne des notes de Saïda et de Julie, elle vaut $(8 + 9) / 2 = 8,5$.

La moyenne (simple) des notes d'espagnol est de :

$(6 + 7 + 7 + 8 + 9 + 16 + 17 + 18) / 8 = 11.$

On observe que la moyenne d'allemand est de 9. Elle est inférieure à la médiane qui est de 11. La moyenne d'espagnol est de 11, elle est donc supérieure à la moyenne, qui est de 8,5. On s'aperçoit que des valeurs très faibles ou très élevées influent sur la moyenne, mais pas forcément sur la médiane. Dans le cas de l'espagnol, quelques très bonnes notes poussent la moyenne vers le haut, sans influencer la médiane.

Tom a eu 6 en allemand (coefficient 3) et 18 en espagnol (coefficient 2), sa moyenne pondérée est :

$((6 \times 3) + (18 \times 2)) / 5 = 10,8.$

APPLICATION

Le revenu moyen des habitants d'un pays (ou revenu par habitant) est obtenu en divisant le revenu national par le nombre d'habitants. Considérons le revenu par habitant dans chaque pays de l'« Europe des Six », les pays fondateurs de la Communauté économique européenne :

	PIB par habitant en 2019 (dollars)	Nombre d'habitants en 2019 (en millions)
Allemagne	46 445,2	83,1
Belgique	46 420,7	11,5
France	40 493,9	67,0
Italie	33 228,2	60,2
Luxembourg	114 704,6	0,6
Pays-Bas	52 331,3	17,4

Banque mondiale, 2020.

1 Trouvez la médiane du PIB par habitant dans l'Europe des Six.

....

....

....

....

2 Calculez le revenu moyen dans l'Europe des Six.

....

....

3 Retrouvez le PIB de la France.

....

....

4 Calculez l'écart de PIB par habitant entre la France et le Luxembourg. Formulez des hypothèses pour l'expliquer.

....

....

....

....

....

....

....

....

Lire, interpréter et calculer une proportion

MÉTHODE

ÉTAPE 1 Comparer la partie et le tout

- Mesurer une proportion consiste à comparer la partie au tout.

$$\text{Proportion} = \frac{\text{Partie}}{\text{Tout}}$$

On parle aussi de **part** (ou parfois de **taux**) une fois que le rapport partie / tout a été multiplié par 100.

- Le tout ou l'ensemble représente 100 %. En additionnant les proportions de chacune des parties, on retrouve le tout.

ÉTAPE 2 Exprimer des valeurs en pourcentages

- À partir d'une proportion connue, il est aussi possible de retrouver les données de la partie ou du tout.

$$\text{Proportion} = \frac{\text{Partie}}{\text{Tout}} \quad \text{soit} \quad \text{Tout} = \frac{\text{Partie}}{\text{Proportion}}$$

- La différence de deux pourcentages s'exprime en points de pourcentage.
- Les proportions et les écarts en points de pourcentage sont des valeurs relatives. Elles n'ont de sens que par comparaison à d'autres. A contrario, les grandeurs en valeur absolue ont du sens en elles-mêmes. Elles s'expriment en euros, tonnes, milliers d'habitants…

Exemple :

Année	Nombre de naissances	Nombre de naissances hors mariage	Part des naissances hors mariage
1970	850 381	58 154	6,8
1985	768 431	150 492	19,6
2000	774 782	330 115	42,6
2017	769 553	428 254	58,6
2020	740 000	459 540	62,1

Champ : France métropolitaine

Insee, statistiques de l'état civil.

– En 2020, le nombre de naissances hors mariage est de 459 540 sur 740 000 naissances.

Pour calculer la **proportion** de naissances hors mariage, on divise 459 540 (la partie) par 740 000 (le tout) et on obtient 0,621.

Attention : le résultat s'exprime en général en %. Pour cela, il faut multiplier le résultat au numérateur et au dénominateur par 100 : 0,621 × 100 = 62,1.

On dit que la **proportion** ou la **part** des naissances hors mariage est de 62,1 %.

– Si l'on sait que la part des naissances hors mariage est de 62,1 % en 2020, on peut calculer le nombre total de naissances si l'on a le nombre de naissances hors mariage :

$$\text{Proportion } (0{,}621) = \frac{\text{Partie } (459\,540)}{\text{Tout}}$$

$$\text{soit Tout} = \frac{\text{Partie}}{\text{Proportion}} \quad \text{soit} \quad \frac{459\,540}{0{,}621} = 740\,000$$

APPLICATION

Emploi, chômage, inactivité en 2018

	Sexe		Total
	Femmes	Hommes	
Actifs	14 401	15 423	29 824
Population en emploi	13 091	14 031	27 122
Population au chômage	1 310	1 392	2 702
Inactifs	13 494	10 135	23 629

Champ : France hors Mayotte, personnes de 15 ans ou plus.

Insee, enquête Emploi, données 2021.

1 Calculez la part des femmes dans la population active et déduisez celle des hommes.

……………………………………………………

……………………………………………………

……………………………………………………

……………………………………………………

2 Calculez la part des hommes au chômage.

……………………………………………………

……………………………………………………

3 Calculez le taux de chômage des femmes et des hommes (nombre de chômeurs dans la population active).

……………………………………………………

……………………………………………………

……………………………………………………

……………………………………………………

4 Calculez la part des femmes inactives parmi les inactifs.

……………………………………………………

……………………………………………………

……………………………………………………

FICHE MÉTHODE 8

Lire, interpréter et calculer un coefficient multiplicateur et un taux de variation

MÉTHODE

ÉTAPE 1 Le coefficient multiplicateur

- Le **coefficient multiplicateur** est un outil qui permet de mesurer par combien est multipliée une variable entre deux dates.
- Si on note Vd la valeur prise au départ par la variable considérée (taux de chômage, PIB…) et Va la valeur prise à la date d'arrivée, alors le coefficient multiplicateur se calcule ainsi :

$$\text{Coefficient multiplicateur} = \frac{Va}{Vd}$$

- Attention : le coefficient multiplicateur n'a pas d'unité !
- On peut donc distinguer 3 cas selon la valeur que prend le coefficient multiplicateur :
  - si CM > 1 : la variable augmente ;
  - si CM = 1 : la variable est stable (il n'y a pas d'évolution) ;
  - si CM < 1 : la variable baisse.

ÉTAPE 2 Le taux de variation

- Le **taux de variation** est un outil qui mesure de combien s'accroît ou diminue une variable en % entre deux dates.
- En prenant la même notation que précédemment, le taux de variation se calcule ainsi :

$$\text{Taux de variation} = \frac{(Va - Vd)}{Vd} \times 100$$

- On peut distinguer 3 cas selon la valeur que prend le taux de variation :
  - si le taux > 0 % : la variable augmente ;
  - si le taux = 0 % : la variable est stable (il n'y a pas d'évolution) ;
  - si le taux < 0 % : la variable baisse.
- On peut retrouver le taux de variation à partir du coefficient multiplicateur :

$$\text{Coefficient multiplicateur} = \frac{\text{Taux de variation}}{100} + 1$$

APPLICATION

Nombre d'internautes (en milliers)

Zone géographique	2000	2019	Coefficient multiplicateur
Amérique du Nord	106 100	346 000	....
Europe	105 100	637 000	....
Asie de l'Est	114 300	1 000 000	....
Afrique	415	419 000	....
Monde	360 900	4 388 000	....

Questions internationales, n° 47, janvier-février 2011 (données 2000), Statista 2021 (données 2019).

1 Complétez le tableau.

2 Calculez le taux de variation du nombre d'internautes entre 2000 et 2019 en Europe.

....

....

3 À partir du coefficient multiplicateur, calculez le taux de variation pour l'Amérique du Nord.

....

....

....

....

....

....

Population en 2019 et projections de population en 2050 (en millions d'habitants)

Rang en 2050	Pays	2019	2050
1	Inde	1 366	1 639
2	Chine[1]	1 434	1 402
3	Nigeria	201	401
4	États-Unis	329	379
5	Pakistan	217	338
28	France[2]	65	68

1. Les données de la Chine ne comprennent pas Hong Kong (7,4 millions d'habitants en 2019) et Macao (0,6 million d'habitants en 2019).
2. France métropolitaine. Insee, 2020.

1 Comparez la population française et indienne en 2019 et dans les projections de 2050 à l'aide d'un coefficient multiplicateur.

....

....

....

2 Calculez à l'aide d'un taux de variation la progression estimée de la population française, nigériane et chinoise entre 2019 et 2050.

....

....

....

....

....

....

Lire, interpréter et calculer un indice

MÉTHODE

ÉTAPE 1 Comprendre ce qu'est un indice

- Un indice est un outil statistique qui permet de mesurer l'évolution d'une valeur (V) **dans le temps**, à partir d'une même date de référence (= base de référence).
- L'indice permet aussi d'effectuer des **comparaisons dans l'espace** à une même date, en posant un pays comme base de référence.
- L'indice permet de visualiser facilement la variation.

ÉTAPE 2 Calculer un indice

- Pour calculer un indice, il faut définir au préalable la valeur qui sert de référence (valeur de base), on lui attribue la valeur 100, cette valeur 100 est l'indice de base.

$$\text{Indice de } y = \frac{\text{valeur de } y}{\text{valeur de base}} \times 100$$

- Un indice ne possède pas d'unité et **se lit toujours par rapport à la base**.
- Si on compare un indice à un autre, autre que l'indice de base, la différence entre les deux indices (écart absolu) s'exprime en points. L'écart absolu est peu parlant, il est nécessaire de **calculer un écart relatif** en utilisant le pourcentage de variation ou le coefficient multiplicateur.
- **L'indice ne traduit que des variations**, il ne donne pas d'indications sur les valeurs absolues.
- Il est possible de **changer de base**, c'est-à-dire de choisir une autre année de référence en divisant chaque indice par celui qui correspond à la nouvelle base puis en multipliant le résultat par 100.

ÉTAPE 3 Lire un indice

- L'indice permet de calculer rapidement et facilement **le pourcentage de variation et le coefficient multiplicateur**.

$$\text{Indice} - 100 = \text{pourcentage de variation}$$

$$\frac{\text{Indice}}{100} = \text{coefficient multiplicateur}$$

Remarque : lorsque le coefficient multiplicateur est inférieur à 1, il est judicieux d'utiliser le pourcentage de variation et lorsque le pourcentage de variation est supérieur à 100, il est préférable d'utiliser le coefficient multiplicateur.

APPLICATION

Salaires mensuels nets moyens en EQTP dans le secteur privé selon le sexe et la catégorie socioprofessionnelle en 2017

	Salaire mensuel net (en euros courants)		
Catégorie socioprofessionnelle	**Femmes**	**Hommes**	**Ensemble**
Cadres (1)	3 574	4 392	4 103
Professions intermédiaires	2 145	2 450	2 311
Employés	1 628	1 734	1 662
Ouvriers	1 536	1 785	1 742
Ensemble	2 069	2 488	314

(1) Y compris chefs d'entreprise salariés.

Note : salaires en équivalent temps plein (EQTP).

Champ : France hors Mayotte, salariés en EQTP du secteur privé et des entreprises publiques, y compris bénéficiaires de contrats aidés et de contrats de professionnalisation depuis 2011. Sont exclus les apprentis, les stagiaires, les salariés agricoles et les salariés des particuliers employeurs.

Insee, Déclarations annuelles de données sociales (DADS) et Déclarations sociales nominatives (DSN).

1 Faites une phrase avec les chiffres de la ligne « Cadres ».

....

....

....

....

....

2 Calculez l'indice du salaire moyen des femmes en 2017, en prenant pour base 100 le salaire des hommes. Faites une phrase avec le résultat.

....

....

....

....

3 Calculez l'indice du salaire des hommes cadres en 2017, en prenant pour base 100 le salaire des femmes cadres. Faites une phrase avec le résultat.

....

....

....

....

4 Calculez l'indice du salaire des cadres en 2017, en prenant pour base 100 le salaire des ouvriers. Faites une phrase avec le résultat.

....

....

....

....

FICHE MÉTHODE
10

Lire et interpréter une valeur nominale et une valeur réelle

MÉTHODE

ÉTAPE 1 Comprendre la distinction entre valeur et volume

- Les prix auxquels le consommateur est confronté lors de ses achats sont les **prix courants** (il s'agit des prix affichés en un lieu donné, à une date donnée). Les données exprimées à prix courants sont des **données en valeur**. Leur variation est influencée par la hausse des prix, il est donc difficile de procéder à des comparaisons dans le temps à partir des données en valeur.
- Un euro de 2010 n'a pas la même valeur qu'un euro de 2002, puisque avec le même euro, on ne peut pas acheter la même quantité de biens. Cela signifie que le pouvoir d'achat d'un euro de 2010 est plus faible que celui d'un euro de 2002, en raison de **l'inflation** (hausse des prix).
- Pour effectuer des comparaisons dans le temps, il est indispensable d'éliminer l'effet de la hausse des prix (effet-prix), ce qu'on appelle : **déflater**. On se place alors dans une situation économique fictive où l'inflation serait nulle et où l'unité monétaire utilisée aurait une valeur constante. On calcule alors l'évolution **réelle** d'une donnée (ou évolution en **volume ou à prix constants**, effet-quantité).

Des données	deviennent	des données
En valeur	Après correction des effets de l'inflation	En volume
Nominales		Réelles
À prix courants (en euros courants)		À prix constants (en euros constants)

Une donnée en valeur est une donnée exprimée à prix courants. Une donnée en volume n'intègre pas les effets de l'inflation, elle **est exprimée à prix constants**.

ÉTAPE 2 Calculer une donnée en volume

- Pour calculer une donnée en volume à partir d'une donnée en valeur : on divise la donnée en valeur par l'indice des prix et on multiplie le résultat obtenu par 100.

$$\text{Donnée en volume} = \frac{\text{Donnée en valeur}}{\text{Indice des prix}} \times 100$$

- Pour calculer l'indice des prix, on ajoute 100 au taux d'inflation.
Lecture : Une donnée en valeur est exprimée en unités monétaires de l'année courante ou de l'année de référence.
Attention à l'année de référence utilisée pour le calcul et la lecture.

APPLICATION

Produit intérieur brut

	2000	2008	2018	2019
PIB nominal, en valeur ou en milliards d'euros courants	1 485,3	1 995,8	2 353,1	2 416,9
Indice des prix	100	116,2	131,2	....
PIB réels, en volume, en milliards d'euros constants (base 2000)	783,9	935,28	....	1 822,9

Insee, Comptes nationaux, 2020.

1 Calculez le PIB en 2018 en euros constants de 2000 et complétez le tableau.

....

....

2 Calculez l'indice des prix de 2019 et complétez le tableau.

....

3 Calculez le PIB en volume de 2020 sachant que la croissance a baissé de 8,3 % (fiche méthode 7). NB : le PIB en valeur de 2020 est de 2 479,4 milliards d'euros.

....

....

....

....

Le Smic horaire brut en euros

	2000	2008	2019
Smic horaire brut en € courants	6,41	8,71	10,02
Taux de variation des prix par rapport à 2000 (en %)	-	+ 18,1	+ 32,6
Indice des prix 2000 = 100	....	....	....
Smic horaire brut en € constants de 2000	....	....	....

Insee, TEF, 2020. France Inflation, 2020.

1 Complétez la ligne « Indice des prix ».

2 Calculez le Smic horaire brut en euros constants de 2000 pour chacune des années et complétez le tableau.

....

....

....

....

....

....

Lexique

A

Administrations publiques Organisations productives qui produisent des services non marchands. Leur production est à but non lucratif. Elles sont financées par l'impôt ou les cotisations sociales (cas de la sécurité sociale).

Actif Personne exerçant une activité professionnelle rémunérée et déclarée (actif occupé ou en emploi), ou cherchant à exercer une activité professionnelle rémunérée et déclarée (chômeur).

B

Bénéfice Mesure la différence entre la valeur ajoutée et le montant des salaires et cotisations sociales, celui des impôts sur la production et celui des intérêts versés aux prêteurs. Une fois l'impôt sur les sociétés payé, le bénéfice est distribué aux actionnaires ou aux associés et conservé par l'entreprise sous forme d'épargne brute (qui pourra être placée ou investie). Le bénéfice net (ou résultat net) est la différence entre le chiffre d'affaires (produits) auquel on retranche toutes les charges.

C

Capabilité Possibilité pour les individus de choisir la vie qu'ils souhaitent mener.

Capital circulant Moyens de production transformés ou détruits lors d'un cycle de production (ex: matières premières, produits semi-finis, énergie…). On parle aussi de consommations intermédiaires.

Capital humain Connaissances et expériences acquises et accumulées par l'individu lors de sa formation initiale ou formation continue.

Capital fixe Moyens de production durables, participant à plusieurs cycles de production sans subir de transformations autres que l'usure ou l'obsolescence.

Causalité Lien logique entre deux variables, une variable expliquant l'autre.

Chiffre d'affaires Somme des ventes de biens et/ou services produits par une entreprise (prix × quantité vendue).

Chômage Situation d'une personne n'ayant pas d'activité professionnelle rémunérée et déclarée, cherchant à en exercer une, et disponible pour l'occuper.

Combinaison productive Association des différents facteurs de production (travail, capital) selon leurs caractéristiques et leurs coûts afin de produire un bien matériel ou un service (facteurs substituables ou complémentaires).

Consommation Tout acte d'achat de biens ou de services par des ménages ou des entreprises.

Corrélation Lien positif ou négatif entre deux phénomènes, sans que cette relation implique nécessairement qu'il y ait un lien de causalité.

Cotisations sociales Prélèvements obligatoires sur les revenus du travail qui permettent de financer la protection sociale. On distingue les cotisations sociales salariales (salaire net = salaire brut – cotisations salariales) et les cotisations sociales patronales.

Courbe d'offre Décrit la relation entre le prix d'un produit et la quantité offerte de ce produit à ce prix. Elle est une fonction croissante du prix.

Courbe de demande Décrit la relation entre le prix d'un produit et la quantité demandée de ce produit à ce prix. La demande est une fonction décroissante du prix.

Coût d'opportunité Ce à quoi l'on renonce lorsque l'on fait un choix.

D

Demande Quantité d'un bien ou d'un service que les agents économiques sont disposés à acheter pour un prix donné.

Diplôme Valide la formation initiale par le système éducatif ou une formation.

Discrimination Traitement défavorable, subi par un individu, lié à une de ses caractéristiques sociales ou personnelles, et souvent en opposition à la législation ou aux valeurs de la société.

E

Économie Science qui étudie la répartition et l'utilisation des ressources disponibles en quantité limitée.

Économie sociale et solidaire Ensemble d'organisations productives (coopératives, mutuelles, associations ou fondations, entreprises) dont le mode de gestion est démocratique et participatif et dont l'activité est au service de l'intérêt général. Elles sont à but non lucratif ou réinvestissent le profit dans leur activité.

Entreprise Organisation dont l'activité consiste à produire des biens ou des services pour les vendre sur un marché (production marchande) afin, le plus souvent, de réaliser un profit.

Épargne Partie du revenu disponible qui n'est pas consommée.

Excédent brut d'exploitation (EBE) Mesure des bénéfices ou profits réalisés dans l'entreprise. L'EBE se calcule en retranchant à la valeur ajoutée le montant des salaires et des cotisations sociales et des impôts sur la production. On dit que l'EBE mesure le profit brut de l'entreprise, sur lequel elle va payer des impôts (l'impôt sur les bénéfices).

Excédent Situation où l'offre est supérieure à la demande sur un marché.

I

Identité sociale Différentes façons dont les individus ou les groupes se définissent eux-mêmes, et sont définis par autrui.

Inactif Personne n'ayant pas ou plus l'âge de travailler, ou bien en âge de travailler mais ayant choisi de ne pas travailler (étudiants, personnes au foyer).

Incidence fiscale Manière dont une taxe ou une subvention se répercute sur les agents. Qui bénéficie réellement des subventions versées ? Qui supporte véritablement la taxe ? Une taxe sur les producteurs est-elle en définitive payée par les consommateurs ? Cela dépendra de la réaction des consommateurs à la hausse des prix. S'ils y sont peu sensibles ils paieront une grande partie de la taxe visant les producteurs.

Inégalité Différence d'accès à une ressource valorisée par la société se traduisant par des avantages ou des désavantages. Différence perçue comme injuste aux yeux d'un groupe social ou de la société.

Instances de socialisation Individus ou institutions qui participent à la socialisation de l'individu (membres de la famille, école, groupes des pairs, médias, associations...).

Institution Ensemble de règles formelles (juridiques) ou informelles (conventions) organisant les relations sociales.

Investissement Ensemble des ressources monétaires et temporelles dépensées à court terme dans la perspective d'un gain futur.

M

Marché Lieu virtuel ou réel sur lequel se rencontrent l'offre et la demande d'un bien ou service donné, ce qui détermine le niveau des prix.

Marché concurrentiel Marché qui respecte les critères de concurrence pure et parfaite (atomicité, transparence, homogénéité des biens, mobilité des facteurs, libre accès au marché), de sorte qu'aucun offreur ou demandeur n'est en capacité de fixer les prix sur ce marché ; les agents sont *price takers*.

Mode de scrutin Système permettant le passage du décompte des voix à la désignation des élus selon des modalités très variables (mode de scrutin direct ou indirect, uninominal ou plurinominal, majoritaire ou proportionnel).

Modèle Représentation simplifiée de la réalité qui permet d'en étudier le fonctionnement.

N

Norme Règle de conduite socialement acceptée dans une situation donnée (dire merci, laisser sa place aux plus âgés...). En général, elle est légitimée par le système de valeurs (politesse, respect...).

O

Offre Quantité d'un bien ou d'un service que les vendeurs sont prêts à proposer pour un prix donné.

Organisation productive Structure dont le but est de fournir des biens et/ou des services.

P

Partis politiques Organisations dont l'objectif est la conquête et l'exercice du pouvoir.

Pénurie Situation où l'offre est inférieure à la demande sur un marché.

Politiste Individu qui se spécialise dans l'étude des sciences politiques.

Pouvoir exécutif Pouvoir de faire appliquer les lois et de dire comment elles s'appliquent.

Pouvoir judiciaire Pouvoir de faire respecter les lois.

Pouvoir législatif Pouvoir de faire et de voter les lois.

Pouvoir politique Pouvoir de faire appliquer des décisions sur un territoire donné. Il peut reposer, selon Max Weber, sur le monopole de la contrainte physique que détient une autorité ou un État.

Prestations sociales Aides versées aux ménages afin de réduire la charge financière de la protection contre différents risques (santé, vieillesse-survie, emploi, maternité-famille, aide au logement, pauvreté et exclusion).

Prix d'équilibre Prix qui permet d'égaliser la quantité offerte et la quantité demandée sur un marché concurrentiel.

Production Activité économique socialement organisée, consistant à produire des biens et des services destinés à être écoulés sur un marché. Ils sont obtenus par combinaison de facteurs de production (ressources en main-d'œuvre, capital, biens et services), eux-mêmes achetés.

Production marchande Bien ou service vendu sur un marché à un prix supérieur à son coût de production.

Production non marchande Production qui n'est pas destinée à être vendue sur le marché, on la retrouve essentiellement sous forme de services. Ces services sont donc fournis gratuitement ou à un prix n'excèdent pas la moitié du coût de production de celui-ci.

Productivité Rapport entre la production réalisée (volume ou valeur) et les facteurs de production utilisés. Il peut s'agir de la productivité du capital ou du travail. Productivité horaire du travail = production / nombre d'heures de travail. Productivité du travail par tête = production / effectif employé.

Produit intérieur brut Se calcule en faisant la somme des valeurs ajoutées brutes créées par toutes les organisations productives d'un territoire donné pendant une année.

Q/R

Qualification Désigne les qualités ou capacités nécessaires pour occuper un métier ou un poste (qualification du poste) ou les compétences acquises par une personne grâce à sa formation initiale et ses expériences (qualification de l'individu).

Revenu disponible Revenu perçu par les ménages après paiement des impôts et des cotisations sociales, et après avoir perçu des transferts de l'État (allocations familiales par exemple). Il est réparti entre épargne et consommation.

S

Salaire Rémunération versée à un salarié par son employeur en échange du travail fourni dans les conditions définies par le contrat de travail signé entre les deux personnes. Le salaire net est le salaire réellement perçu par le salarié en déduisant du salaire brut fixé lors de l'embauche l'ensemble des cotisations sociales salariales versées à la sécurité sociale.

Science politique Science qui étudie la conquête et l'exercice du pouvoir politique. Elle étudie le fonctionnement des institutions et cherche à comprendre les stratégies des différents acteurs de la vie politique.

Scrutin majoritaire Mode de scrutin dans lequel la victoire revient à celui qui a obtenu la majorité des voix.

Scrutin proportionnel Mode de scrutin dans lequel le nombre d'élus est proportionnel au nombre de voix.

Secteur d'activité Répartition de l'organisation de la production. Le secteur primaire regroupe les activités liées à l'exploitation des ressources naturelles (agriculture). Le secteur secondaire rassemble celles liées à la transformation des ressources naturelles (industrie, construction). Le secteur tertiaire regroupe toutes les entreprises de services.

Séparation des pouvoirs Principe consistant à ne pas donner toutes les fonctions d'un État à une seule entité, en séparant les trois pouvoirs exécutif, législatif et judiciaire, de sorte qu'aucun n'ait une influence sur les autres.

Socialisation Processus d'acquisition des valeurs et des normes propres à la société dans laquelle un individu est appelé à vivre.

Socialisation différentielle Processus par lequel la socialisation varie selon le genre et l'origine sociale.

Socialisation primaire Processus d'acquisition des normes et des valeurs au cours de l'enfance et de l'adolescence.

Société civile organisée Ensemble des organisations qui ne recherchent pas l'exercice du pouvoir mais peuvent en revanche vouloir influencer la prise de décision par les responsables politiques.

Sociologie Science qui cherche à expliquer et comprendre le comportement d'acteurs influencés par le contexte social dans lequel ils vivent.

Statut social Position qu'un individu occupe dans la société ou dans un groupe. Il détermine les rôles qui sont attendus de lui et ceux que l'individu est en droit d'attendre des autres. Les individus se voient ainsi attribuer différents statuts sociaux.

Stéréotypes de genre Croyance que certaines aptitudes ou certains traits de personnalité spécifiques aux garçons d'une part, aux filles d'autre part, seraient présents dès la naissance, alors qu'ils sont transmis de génération en génération.

Subvention Aide financière accordée par l'État.

T/V

Taux de croissance Mesure le taux de variation du PIB par rapport à l'année précédente.

Taxe Prélèvement financier obligatoire réalisé par une administration publique.

Valeur Idéal, ce qui est estimable pour les membres d'un groupe social ou d'une société (l'honnêteté, le respect des personnes âgées...).

Valeur ajoutée Mesure la richesse nouvelle créée par une entreprise et se calcule en faisant la différence entre la valeur de la production totale (production réalisée) et la valeur des consommations intermédiaires.

Crédits photographiques

Couverture : istockphoto.com : Robbie, stocknroll, imtmphoto, Jonh Sommer, lukas_zb, 4x6, Yuri_Arcurs, OlegPhotoR.

7bg : iStockphoto/Getty Images/K. Bialasiewicz ; **7bd :** iStockphoto/Getty Images/A. Astes ; **9bg :** REA photo/R. Gaillard ; **9bd :** REA photo/D. Allard ; **9bc :** Hans Lucas/D. Meyer ; **15g :** Wamiz ; **15bg :** Prod DB/Lazennec Films – Maia Cinema/DR ; **16 :** Fondation 30 Millions d'Amis ; **19g :** iStockPhoto/Getty Images/I. Strba ; **19cd :** iStockPhoto/Getty Images/Group4 Studio ; **19cg :** Photo12/Alamy/E. Karandaev ; **19d :** iStockphoto/Getty Images/nyvltart ; **20hg :** Shutterstock/Bernatets photo ; **20hd :** AFP/P. Verdy ; **21hg :** Reuters/C. Platiau ; **21g :** iStockphoto/Getty Images/monkeybusiness-images ; **21bg :** Chorale Cargo/DR ; **23 :** Shutterstock/pixinoo ; **33hg :** Getty Images/M. Guitard ; **33hc :** Reuters/L. Jackson ; **33hd :** AFP/STR ; **33bg :** France24/France Médias Monde ; **38 :** Captures issues de vidéos conçues et réalisées par Sydo, société de conseil en pédagogies innovantes ; **40 :** DR ; **41d :** Captures issues de vidéos conçues et réalisées par Sydo, société de conseil en pédagogies innovantes ; **45g :** iStockphoto/Getty Images/monkeybusinessimages ; **45c :** iStockphoto/Getty Images/JackF ; **45d :** AFP/K. Bleier ; **50 :** Allary Éditions ; **51g :** REA photo/F. Henry ; **51c :** Photo12/Alamy/D. Callcut ; **51d :** iStockphoto/Getty Images/Imgorthand ; **53g :** Éditions Nathan ; **53c :** Éditions Talents Hauts ; **53d :** Éditions Hatier ; **54 :** REA photo/P. Allard ; **59g :** REA photo/Hamilton ; **59c :** iStockPhoto/Getty Images/sandresr ; **59d :** AFP/D. Charlet ; **65g :** maCommune.info ; **65c :** Journal Libération du 8 septembre 2018 ; **65d :** REA photo/J.-C. Moschetti ; **67 :** Règles Élémentaires ; **68 :** Ministère chargé de l'égalité entre les femmes et les hommes, de la diversité, et de l'égalité des chances/DR.

Édition : Émeline Marx

Direction éditoriale : Céline Martin

Direction artistique et couverture : Studio Humensis

Conception de la maquette intérieure : Frédéric Jély

Mise en pages : Fabienne Le Bihan

Infographies : Blaise Fontanieu/Corédoc

Illustrations : Clod (couverture), Claire Fumat et Maud Hopsie, *Toute l'éco et la socio en BD, programme de Seconde*, La Boîte à Bulles, Belin Éducation, 2019 (p. 7), *Toute la socio en BD*, Tome 1, La Boîte à Bulles, Belin Éducation, 2020 (p. 46), Émilie Boudet (p. 34), Mathilde Boucher (illustrations de l'infographie p. 48)

Iconographie : Dagmara Bojenko

Photogravure et prépresse : Arthur Caillard

Fabrication : Marianne Sigogne et Zoé Farré-Vilalta

Imprimé par GraphyCems en Espagne
N° d'édition : 03581779-02/août2021 - Dépôt légal : avril 2021